Secrets of Speech

스피치의 비밀

Secrets of Speech

Secrets of Speech

스피치의 비밀

Secrets of Speech

스피치카운슬러 홍정기 엮음

이담
Books

올해도 벌써 며칠 남지 않았습니다.

돌이켜 보면 '사는 것 자체가 기적'인 것처럼 느껴집니다.

어렵고 힘든 일들이 즐거운 일들보다 훨씬 많은 세월입니다.

보람 있고 즐거운 것 중 하나가 있다면 오랫동안 같은 모임을 운영해 왔다는 것입니다. 1994년도 6월부터 현재까지 하나의 포럼에 참가하면서 **매월 1~2회 스피치훈련**을 해 온 것은 행복한 일 중의 하나였다고 생각합니다.

근년에는 진행자로서 모임을 주최해 오다가 그동안 사용한 여러 부교재들을 모아 정리하여 『성공하는 사람들을 위한 ○○스피치』라는 교재를 만들었고, 이번에는 이를 수정 보완하여 단행본으로 『**스피치의 비밀**』을 출간하기로 하였습니다.

본 도서의 구성은 총 8강으로, 첫 번째 **1강은 기초적인 이론**을 소개하였고, **2강부터 8강까지는 개인이 스스로 학습 및 훈련**할 수 있도록 매뉴얼 형식으로 만들었습니다. 또한 무엇보다 스피치는 이야기 소재가 풍부해야 하므로 각 장 말미에는 부록으로 다양한 **스피치 소스**를 제공하였고, 쉽고 간단한 단어로 구성된 **영어스피치**를 통하여 머리를 잠시 식힐 수 있도록 하였습니다.

포럼이 다소 오래되다 보니 요즘은 다소 활발함을 잊은 상태입니다. 이번 출간을 기하여 모임이 더욱 활성화되기를 기원하고 '**스피치아 카데미**'를 설립하기 위한 초석을 확보할 수 있도록 많은 분의 적극적인 도움을 기대하고 있습니다. 본 도서와 함께 귀중한 시간되시기 바랍니다. 끝으로 본 도서의 완성을 위하여 끝까지 힘써 주신 출판사업부 이주은 선생님의 노고에 감사드립니다.

2011년 11월 말

홍정기

● 차례

제1강

화법의 비밀

리더는 업무상뿐만 아니라 사회생활에서도 간결하고 명확한 소통을 구사하여야한다. 또한 공식적 모임이나 비공식적, 사적인 회합에서도 타인에게 만족을 줄 수있는 화법을 갖추는 것이 필요하다. 업무상의 문제가 비업무적인 공간에서 해결되는 경우가 종종 있으며, 서양보다 동양에서 더욱 빈번하다. "말 한 마디로 천 냥 빚을 갚는다"라는 오래된 격언이 진부하지 않게 다가오는 분야가 '화법', 즉 어떻게, 어떤 말을 하는가에 대한 것이다. 리더는 특히 구성원들이나 이해관계자들에게 핵심적인 내용을 정확히 전달하고 감동을 줄 수 있어야 한다. 그러면 화법을 이루는 원리와 원칙, 내용 구성 등을 살펴보기로 한다.

● ● ●

화법의 비밀

1. 화법의 기본원리

화법의 기본원리는 5가지로 구성되어 있다.

첫째는 '다소 크게 말한다'는 것이다.

그 크기가 상황이나 장소 등에 따라 다르지만 비교적 크게 말함으로써 듣는 사람이 답답함을 느끼지 않고, 경우에 따라 각성의 효과를 볼 수 있는 것이다. 조용조용 말을 하는 사람들의 의미나 효과도 만만치 않지만 시간이 지나면 그 효과가 점차 반감되기도 한다. 비교적 크게 말함으로써 주위 전달 능력을 배가시킬 수 있다.

둘째는 '천천히 말한다'이다.

아나운서나 진행자들의 말을 들어 보면 대체로 천천히 말함으로써 많은 사람들이 집중하고 잘 알아들을 수 있도록 한다. 빠르게 말함으로써 역동적이고 시간 절약의 가치를 느낄 수 있지만 순간적으로 놓치면 이후부터는 전혀 이해할 수 없는 단계로 접어든다. 천천히 말하는 효과는 말하는 사람(화자)이 자신의 말을 정리하고 잘 구성할 수 있는 여유를 갖게 함으로써 화자의 파워(힘)를 확보할 수 있다.

셋째는 '또박또박 말한다'이다.

앞의 예에서와 비슷하게 유능한 아나운서나 캐스터들은 말을 정갈하게 또박또박 말을 한다. 한번 들으면 거의 잊어버리지 않을 정도로 귀에 쏙쏙 들어온다. 크게 힘들이지 않아도 무슨 소리를 하는지 잘 이해가 된다. 그렇지 않은 경우는 듣기가 매우 어렵다. 재차 확인해 보고 싶어 하고 귀에 잘 들어오지 않는다. 결국 신경이 날카로워지고 기분이 나빠진다. 오랜 시간 동안 무슨 소리를 했는지 답답하기만 한 것이다.

넷째는 '감정을 넣어서 말한다'이다.

감정이입을 하는 것이다. 그러나 좋지 않은 감정을 넣어서 말하는 것이 아니다. 희로애락(喜怒哀樂)의 감정을 잘 넣어서 말함으로써 화자나 듣는 사람 모두 공감된 느낌을 갖게 하는 것이다. 공감대를 형성하기 위해 일반적으로 감정을 넣는 것이 가장 효과적이다. 적절한 감정을 이입함으로써 기분을 고조시킬 수 있어서 무미건조한 상태에서 벗어날 수 있다. 그러나 나쁜 감정을 이입하는 경우 받아들이는 사람에 따라 기분이 상할 수 있으므로 그 사람의 얼굴이나 눈을 보고 말하는 것은 피하여야 한다.

마지막으로 '자연스럽게 말한다'는 것이다.

이전에는 웅변이나 대중연설 등에서 다소 과장된 표정이나 억양, 자세 등을 활용하여 청중들의 눈과 귀를 사로잡거나 즐겁게 하려고 시도하였다. 최근에도 가성이나 독특한 억양을 사용하는 사람들이 있다. 이런 경우 단기간, 잠깐 인기몰이를 할 수 있지만 더 이상 발전을 달성하고 새로운 것을 보여 주기가 어렵다.

결국 자연스러운 억양이나 자세, 표정 등을 활용하여 내용의 의미나 가치를 보다 부각시킬 수 있어야 한다. 마치 부모나 형제, 친구, 지인 등의 앞에서 말하는 것처럼 자연스럽고 따뜻하게, 솔직하고, 친절하며, 예의를 갖춰서 내용을 가감 없이 전달하는 것이 듣는 사람의 마음을 움직일 수 있다.

이상으로 화법의 기본원리 5가지에 대하여 설명하였다.

이 외에도 많은 것들이 있지만 기본적으로 이러한 5가지를 유의하여 말한다면, 즉 보고하고 대화하며, 토론하고 발표한다면 좋은 결과를 얻으리라고 본다.

2. 화법의 3원칙

위의 5가지 기본 원리와 더불어 3가지의 원칙을 살펴보고자 한다.

화법을 잘 구사하는 사람들의 특징을 잘 관찰해 보면 먼저 호흡이 거칠지 않고 웬만해서는 숨차 하지 않으며, 침착한 호흡과 표정을 유지하는 것을 알 수 있다.

두 번째로는 발성이 다양하여 경우에 따라 크고 작게, 빠르게 느리게 등을 잘 구사하는 것을 볼 수 있다. 웬만큼 오랫동안 크게 이야기해도 목이 쉬지 않고 탁한 음성이 나오지 않는 특징이 있는 것을 볼 수 있다.

세 번째는 음성이 정확하여 멀리 있어도 무슨 소리인지 잘 들린다. 특히 전화상에서도 숫자라든지 어려운 발음이라도 잘 구사한다. 한국어라도 발음하기에 다소 어려운 글자가 있다. 어려운 글자일수록 명확하게 발음할 수 있어야 훌륭한 화법을 구사한다고 할 수 있다.

이와 같은 세 가지를 화법의 3원칙이라고 하는데 이를 구체적으로 설명하자면 아래와 같다.

1) 호흡법

첫 번째의 설명처럼 침착한 표정과 호흡을 유지하는 것이 무엇보다 중요한데 이와 같은 원칙은 호흡법을 통하여 달성할 수 있다. 화법에서의 호흡법은 일반적으로 복식 호흡을 말하는데, 깊은 호흡을 통하여 자신의 호흡을 자유자재로 조절할 수 있는 것이다. 예를 들면 계속 말을 하면서도 숨을 자연스럽게 조절하여 말의 강약조절을 가능하게 할 수 있다. 이를 위하여 코호흡을 통한 복식호흡을 오랫동안 훈련하여 자신에 맞는 방식으로 체계화하여야 한다. 코호흡에서 있어서 들숨과 날숨을 구분하여 훈련하는 것이 중요하고, 깊은 호흡을 위하여 시간을 체크하면서 훈련하는 것이 그다음으로 중요하다. '무호흡' 상태를 최고의 복식호흡이라고 보는 전문가도 있지만 자신의 호흡을 끊임없이 놓치지 않고 느끼며, 꾸준히 자신과의 대화를 유지하는 자세를 갖는 것이 필요하다. 결국 자신의 호흡을 철저히 통제하게 되는 것이다.

2) 발성법

두 번째의 내용과 같이 발성을 다양하고 풍부하게 가져서 그 크기와 강약이 자유롭고 빠르기가 조절되며, 끊고 잇기 등을 자연스럽게 구사할 수 있어야 하는데 이를 위해서는 발성법을 유의하여야 한다.

발성법의 첫째 단계는 그 크기와 강약 등의 다양성이다.

10의 음에서 20, 30, 40, 50, 60, 70, 80, 90, 100의 음 등으로 발성의 크기와 강약이 점차 커지고 반대로 작아지는 발성을 반복적으로 훈련함으로써 지하철에서 소곤거리는 소리부터 전화상의 발성, 수천 명의 대중에게 마이크 없이 말을 전달할 수 있는 역량을 가질 수 있다.

두 번째 단계는 빠르기 훈련이다.

말의 빠름을 조절할 수 있음으로써 역동적인 내용 전달과 분위기를 환기할 수 있는 능력을 발휘할 수 있다. 시나 수필, 산문 등을 통하여 이를 훈련할 수 있다. 내용을 분석하여 매우 핵심적인 부분을 중심으로 느리게 하거나 빠르게 하기를 반복 훈련함으로써 의미와 가치를 강력하게 표현할 수 있는 여유를 갖게 된다.

세 번째 단계는 끊고 잇기 훈련이다. 청중들이나 듣는 사람이 다소 산만해져서 집중을 요할 때 끊기를 통하여 정숙이나 집중 등을 유도하기도 한다. 잇기는 어느 정도 그 성과를 확인할 수 있을 때 시도하게 된다. 어떻게 잇기를 해야 하느냐는 분위기에 따라 다를 수 있다. 이러한 훈련은 저널이나 신문의 기사나 사설 등을 읽으면서 지루해질 무렵 끊기를 하고 분위기를 환기하고 다시 잇기 하는 등의 훈련을 반복하여 습관적으로 나올 수 있도록 익혀야 한다.

3) 음성법

앞에서 설명한 바와 같이 숫자와 어려운 글자 등을 명확하게 전달하는 능력이 매우 중요하다. 무슨 말을 하는지 잘 들리지 않는다든가 잘못 전달되는 원인은 음성법에 장애가 있다고 할 수 있다. 음성은 뱃속에서 나와서 입을 통하여 나온다. 이때 가장 중요한 기능을 하는 것이 혀와 입의 역할인데 혀와 입의 상태나 모양에 따라 그 글자나 숫자 등의 의미가 잘 전달되지 않는 것이다. 흔히 충격을 받거나 긴장을 하면 혀가 굳는다고 하는 것처럼 먼저 혀가 잘 기능하도록 풀어 주거나 이물질을 제거해 주는 것이 필요하다. 또한 입의 모양이 중요하다. 예를 들어 '아'를 발음할 때 입 모양이 어떠냐에 따라 듣는 사람은 '오' 혹은 '어', '야' 등으로 이해하게 된다. 혹은 '오'라고 발음하고자 하는데 듣는 사람이 그렇게 듣지 못한다. 이는 입 모양이 그에 적합한 모양으로 최적화되어 있지 않기 때문이다. 흔히 '아'는 '사과 모양'의 입 모양을, '오'는 '호두 모양'이 가장 정확한 모양이라고 한다. 따라서 특히 어렵거나 자신이 잘 표현하기 어려운 모음들을 최적화하여 발음하는 것을 훈련한다면 전달의 힘이 매우 강해질 수 있다. 예를 들면 '여, 야, 예, 에, 얘, 얘'라든가 '의, 으, 이, 위, 우, 유, 오, 요, 외' 등을 소리 내서 여러 번 읽음으로써 명확하게 전달할 수 있는 능력을 갖게 된다.

3. 내용의 구성

화법에 있어서 가장 중요한 부분 중의 하나가 전달할 내용을 어떻게 구성하여야 듣는 사람들이 부담 없이 혹은 흥미 있게 받아들일 수 있느냐는 것이다. 따라서 같은 내용이라도 말하는 사람의 구성 체계에 따라 듣는 사람의 이해도가 달라질 수 있다는 점이다.

저자는 대학에서 인사관리를 몇 해 동안 강의를 해 왔는데 일반적으로 인사관리는 학생들이 흥미를 일으키지 못하는 과목 중의 하나로 평가되어 왔다. 처음 몇 해 동안은 그런 상태가 당연한 것으로 받아들였지만 학생들의 수업 태도가 눈에 거슬리는 수준이 되자 수업방식과 내용전달 체계를 바꾸었다.

먼저 학생들을 몇 개의 팀으로 묶어 각각 하나의 부서로 명칭을 붙였다. 강의를 진행하면서 어떤 주제를 자세히 말해 주고 그와 관련된 내용들을 교재에서 찾아내서 발표하는 팀에게 +@를 각각 부여하였다. 결국 부서 간의 경쟁이 된 것으로 수업은 집중과 긴장, 팀워크 등으로 활성화되었고 언제 어떻게 시간이 지난 줄도 모를 정도가 된 것이다. 같은 과목이라도 어떻게 전달하느냐에 따라 그 효과가 달라지는 것이다. 그렇다면 화법의 내용구성은 어떻게 하는 것이 바람직한 것인지 알아본다.

가) 주제와 관련된 결론과 핵심을 먼저 말한다.
나) 부연하여 설명을 한다. 관련된 사례를 제시한다.
다) 정리하여 핵심을 강조하고, 제안한다.

4. 효과적인 화법의 기술들

살다 보면 자신의 의지와 상관없이 단상에 서거나 사람들 앞에서 발표할 기회가 생긴다. 이때 좌중을 휘어잡는 방법은 상대에게 신뢰감을 주는 것이 가장 중요하다. 그러기 위해선 다음을 주의하기 바란다.

첫째, 자기에게 도취되지 말고, 상대를 나에게 집중시켜라(주위 집중과 여유 있는 표정은 필수).

둘째, 시선은 상대의 미간을 보며 말하고, 골고루 두루두루 살펴라.

셋째, 말의 속도는 간격을 충분히 주고 1분에 100~120마디가 적당하다.

넷째, 억양의 변화를 주고 고-저 / 장-단을 잘 활용하라.

다섯째, 손짓이나 몸짓은 천천히 작게 하고, 항상 뒤에서 앞으로 방향을 하며 시선도 함께 움직여라.

여섯째, 자신 있고 당당하게 큰 소리로 말하라.

일곱째, 듣기 싫은 습관적인 반복 언어 사용을 피하라.

마지막으로 자신의 발표나 대화 내용을 녹음 시켜보고 스스로 모니터하라.

'이영하의 좌중을 휘어잡는 스피치 요령' 중에서

1) 화법의 요령

● 침묵은 권위를 창조한다

나폴레옹은 전투에 나설 때면 출정에 앞서 병사들을 모아 놓고 수십 초 동안 아무 말도 하지 않고 주위를 둘러보곤 했다. 병사들은 나폴레옹이 매 순간 커지는 듯한 느낌을 받았다고 한다. 작은 키의 그가 창조하는 카리스마의 비결은 침묵이었다.

● 기억에 남는 것은 짧은 말이다

미국 남북전쟁 당시 게티즈버그 전투의 희생자를 추모하기 위한 자리에는 링컨 대통령과 당대의 명 연설가 에드워드 에버렛이 있었다. 오늘날 사람들이 기억하는 말은 두 시간에 걸친 에버렛의 연설이 아니라 링컨이 한 짧은 연설 속의 '국민의, 국민에 의한, 국민을 위한 정부'라는 구절이다. 허스키한 목소리와 사투리를 고민하던 링컨은 이처럼 핵심을 찌르는 말로 국민들의 동의를 이끌어 냈다.

● 적극적인 말로 설득하라

1940년 프랑스가 함락되고 유일하게 영국만이 독일에 결사적으로 대항하고 있던 상황이었다. 루스벨트는 어느 날 처칠의 연설을 듣기 위해 라디오를 켰다. 처칠은 "우리는 해안에서 적들과 싸울 것이며, 상륙지에서 적들과 싸울 것이며, 도심과 구릉에서 적들과 싸울 것입니다. 우리는 절대 항복하지 않을 것입니다."라고 말했다. 당시 미국 대통령이었던 루스벨트는 이 연설을 듣고 영국에 군대를 파병하기로 결정했다. 처칠은 혀가 짧고 말을 더듬었지만, 자신감으로 여론을 이끌었다.

● 통계수치를 이야기에 담아라

1958년 미국의 재정적자는 10억 달러에 이르렀지만, 국민은 위기를 실감하지 못했다. 아이젠하워 대통령은 1달러짜리 지폐를 10억 달러 늘어놓으면 거리가 얼마나 되는지 물어봤다. 일주일 뒤 그는 연설했다. "1달러짜리 지폐를 죽 늘어놓아 10억 달러를 만들면 지구에서 달까지 왕복하고도 남습니다."

● 운율은 최고의 연설 전략이다

명 연설가들은 운율과 대조법 구사의 명수였다. 케네디는 취임 연설에서 "우리는 어떤 대가(Price)라도 치르고(Pay), 어떤 부담(Burden)이라도 짊어질(Bear) 것입니다."라고 두운(alliteration)을 맞춰 호소력을 높였다. 나아가 처칠은 성공적인 연설법에 관해 설명하는 데도 두운을 활용했다. '배치(Pose)를 바꾸고, 강약(Pitch)을 조절하며, 쉬는 것(Pause)을 잊지 마라.'

● 상대의 의표를 찔러라

1980년 미국 대통령 선거 초반 카터 대통령은 공화당의 레이건을 앞서고 있었다. 텔레비전 토론이 시작되자 레이건은 이런 질문을 던지기 시작했다. "4년 전보다 살림살이가 나아졌다고 느끼십니까? 그러면 카터 대통령에게 투표하십시오." 상황은 반전되기 시작했다.

● 서두를 충격적으로 시작하라

김대중 전 대통령을 현존 정치인 가운데 최고의 연설가로 지목하는 데 주저하는 사람은 많지 않다. 이른바 칼·도마 손짓(강조할 대목에서 오른손을 들어 칼로 도마를 찍듯 내려침)으로 알려진 스타일은 유명하다. 그가 우리 현대 정치사의 전면에 등장한 것은 60년대 후반 3선 개헌 논쟁 때다. 민주당 김옥두 의원은 "김 대통령은 수십만 명이 운집한 장충단 공원에서 '경북 안동에서 미쳐 날뛰던 황소가 총

에 맞아 죽었다.'는 말로 연설을 시작했는데 당시 공화당의 상징물이
황소였다. 청중의 호응이 대단했다."고 술회했다.

● 나보다 우리를 이야기한다

2004년 1월 11일 오후 열린우리당 총선 지도부를 뽑는 전당대회가
열린 서울 올림픽공원 펜싱경기장은 8명의 후보와 1만 1천여 명의 대
의원, 지지자가 뿜어낸 함성으로 후끈 달아올랐다. 이날의 하이라이
트는 8분씩 진행된 후보 합동연설. 단연 '총선 승리'가 최대 화두였
다. "저를 찍어 달라"는 호소보다 "총선을 승리로 이끌겠다"라는 대
목에서 대의원들의 더 큰 박수가 쏟아졌다.*

2) 어려운 말 연습하기

어려운 말 연습을 많이 하면 막히는 발음, 더듬는 발음, 어려운 발
음이 잘 나오게 된다. 발음 교정을 위해 발음하기 까다로운 문장을
정확히 말할 수 있도록 하는 훈련법이다. 아무것도 아닌 것처럼 생각
되지만 실제 큰 소리로 읽어 보면 쉽지 않음을 알 수 있다. 발음이 어
려운 낱말은 항상 3단계 방법으로 연습한다.

첫째, 한 글자씩 끊어서 스타카토 식으로 읽을 것

둘째, 레카토로 이어서 읽되 속도를 느리게 천천히 읽을 것

셋째, 정상속도로 읽을 것

기본적인 요령은 반복하는 횟수에 비례하여 읽는 속도를 차차 빨

---

* 출처: 『링컨처럼 서서 처칠처럼 말하라』, 제임스 흄스 지음, 시아출판사.

리하도록 하는 것이다. 장단음을 잘 살리면 말에 리듬이 생겨 읽기가 한결 유연해진다. 작은 소리보다는 큰 목소리로 연습해야 효과가 있다. 음계의 '라'음 정도로 시작하기를 권한다.

3) 제스처 기법

표정과 몸짓은 음성언어보다 더 강하게 친밀함, 거부감, 노여움 등을 전하는 도구이다. 표정과 몸짓에는 보여 주고 싶은 자기뿐만 아니라 감추고 싶은 자기까지 숨김없이 나타난다. 입말이 라디오라면 몸말은 TV라고 할 수 있다. 제스처, 즉 보디 스피치는 단조롭고 무미건조한 입말만의 스피치보다 훨씬 강력한 메시지를 전달해 준다. 몇 년전 대통령 선거를 앞두고 모 지역 민주당 후보경선 투표결과 모 후보가 1위로 나타났다. 개표결과 발표에 이어 그 후보가 인사를 드리고자 마이크 앞에 나섰다. 행사의 절정이었다. 그러나 그의 이름을 연호하는 유권자들의 함성에 묻혀 인사말을 시작할 수가 없었다. 순간 그 후보는 연단에서 벗어나 두 손을 쫙 펴더니 위아래로 움직여 조용히 해 달라는 제스처를 보냈다. 그러자 장내가 찬물을 끼얹은 듯이 한순간에 조용해지는 것이었다.

이렇게 손바닥을 아래로 향할 때는 '정숙, 진압'을 뜻한다.

반대로 위로 향할 때는 '일어섭시다, 함께 합시다' 하는 말을 뜻한다.

'몸은 입으로 하는 말보다 더 많은 것을 이야기해 준다'라는 얘기가 있다. 사랑하는 연인에게 100번 사랑한다고 하는 말보다 손 한 번 꼬—옥 잡아 주는 것이 더 확실한 감정을 전달해 준다는 뜻이다. 자기표현에서 표정과 제스처가 차지하는 비중은 대단하다. 현대는 이미지 시대이기 때문이다. 잘 나가는 강사들을 보면 예외 없이 제스처가 시원시원하고 화려하다. 이러한 제스처는 사실 저절로 나오는 것이다. 어린이들을 보라. 아이들이 이야기할 때 제스처는 아주 크고 명쾌하지 않는가.

"난 아빠가 하늘만큼 좋아요."

아이가 손을 크게 벌려 동그라미를 그리면서 하는 말이다. 우리나라 사람들은 나이를 먹으면서 제스처가 없어진다. 권위주의적이고 획일적인 문화 탓이다. 매사에 절제를 요구하는 유교문화의 영향도 크다 하겠다. 표정과 몸짓은 상대의 마음을 읽어 내거나, 상대가 나에게 갖고 있는 감정을 판단할 때 중요한 단서가 된다. 순복음중앙교회 조용기 목사의 제스처는 크고 분명하다. 황수관 박사의 제스처는 아주 자연스럽고 코믹하다. 축구 해설가 신문선의 제스처는 강하고 빠르다. 제스처는 활발한 사고과정을 도와준다. 어떤 사람들은 이야기할 때 거의 움직임이 없이 차분하게 이야기를 하는가 하면, 또 어떤 사람들은 마치 지휘를 하듯 손짓이나 몸짓을 많이 쓴다. 최근 시카고 대학교 연구팀은 손짓이나 몸짓을 사용하는 것이 사고과정을 돕고 기억력도 향상시키는 것으로 발표했다. 골딘 메도우 박사와 동료들은 아동과 성인들을 대상으로 수학문제 풀기, 단어 암기하기, 설명하기, 기억력 테스트 등의 4단계에 걸친 실험을 했다. 그 결과, 설명하는 동안 손짓이나 몸짓을 쓸 수 있었던 아동과 성인들이 손짓이나 몸짓을 쓰지 못하도록 했던 아동과 성인들에 비해 20%나 더 많은 단어나 글자를 기억해 내었다. 말하는 동안 손짓이나 몸짓을 쓰지 않을 때는 순전히 언어적인 상징에만 의존해야 하지만, 손짓이나 몸짓을 쓸 때는 시각적, 공간적 혹은 운동적인 상징을 사용할 수 있기 때문에 사고과정이 촉진될 수 있다고 연구자들은 말한다. 우리는 누구나 조리 있게 자신의 생각을 설명하고 표현할 수 있기를 원한다. 그런데 성장 과정에서 손짓이나 몸짓을 써 가며 열심히 설명할 수 있는 기회를 얼마나 가졌던가? 자신의 모든 인지적 능력들을 동원하여 손짓이나 몸짓을 써 가며 열심히 이야기하고 그것을 진지하게 들어 줄 수 있는 상황이 사회 모든 곳에서 자연스럽게 만들어지기를 기대한다.

제스처를 하는 데는 몇 가지 법칙이 있다.

첫째, 생동감과 활기가 있어야 한다.

'산 제스처'와 '죽은 제스처'란 말이 있다. 다이내믹한 제스처야말로 '산 제스처'이다. 연사의 주장과 신념을 청중에게 더욱 강조하는 것이 제스처라면, 제스처는 생동감 있고 활기가 넘쳐야 한다. 물론 융통성은 있어야 한다. 과일을 깎을 때는 과도를, 나무를 쪼갤 때는 도끼를 사용하지 않는가? 청중의 수나 장소의 규모에 따라 같은 제스처라도 크기가 달라야 할 것이다.

둘째, 동작이 말보다 0.5초 정도 빨라야 한다.

제스처를 말보다 늦게 하면 어색하기 때문이다. 개그맨들의 제스처를 관찰해 보면 말과 제스처가 시간적으로 맞지 않아 우습게 보이는 경우가 많다.

셋째, 제스처는 내용과 일치시키는 것이 포인트이다.

말의 내용과 제스처의 의미가 서로 달라서는 안 된다는 것이다. "말씀드리겠습니다. 알려 드립니다. 제안합니다. 호소합니다. 발표합니다." 할 때는 손을 펴서 앞으로 내밀어야 맞고, "약속합시다. 단결합시다. 각오합시다. 촉구합니다."라는 말을 할 때는 주먹을 쥔 상태로 표현해야 한다.

　그 외에 **제스처와 시선이 하나가 되도록** 하고, **반복되는 제스처는
피하는 게 좋다. 적절하고 자연스러운 제스처는** 말하는 사람의 정열
과 자신감을 드러내 준다.

　제스처는 청중의 주의를 끌고 시각적인 발표가 되게 해 준다. 내용
을 강조 또는 보조하여 박력을 살려 주기도 하고 팔마체육관에서 보
았던 모 후보의 제스처처럼 청중의 이해를 쉬우면서도 완전하게 해
준다. 모든 제스처는 기본자세에서 제스처를 사용하려는 **'준비 단계'**
와 표현의 목적을 달성한 **'완성 단계'**, 그리고 본래의 기본자세로 되
돌아가는 **'복귀 단계'**, 이렇게 **3단계**로 구분한다. 이것을 무시한 제스
처는 자연스럽고 보기 좋은 제스처가 될 수 없다. 유명한 연설가나
목사의 제스처를 따라 해 보자. 또 탤런트의 멋진 포즈를 보면 거울
을 보고 흉내 내 보자. 처음에는 어색하고 서툴러도 몇 번이고 반복
하여 연습하는 동안 자연스럽게 나만의 멋진 보디 스피치가 개발될
것이다.

김태옥, '리더들의 화술' 중에서

스피치 소스 1*

● 진정한 스피치

전사 영업 미팅에서, 이 회사의 영업본부 부사장 캐럴은 당당하게 단상으로 걸어 올라와, 잠시 숨을 들이켠 다음, 영업 현장의 대표로서 자신의 경험에서 나온 이야기를 하기 시작한다. 그녀는 자신의 영업 경험담에서부터 내년도 영업전망에 대한 긍정적인 진단을 솜씨 좋게 이야기하고, 강력한 신장세와 제품 계열의 주목되는 신상품을 보여주는 화려한 슬라이드로 자신의 연설을 보완하고 있었다.

이렇게 설명하는 동안에, 그녀는 생기 넘치는 표정과 동작으로 그녀의 말을 강조했다. 그녀의 전달 내용과 에너지를 좋아하는, 그녀를 신뢰하고 있던 동료 앞에서 주의 깊게 사전에 예행연습을 하였기 때문에, 그녀는 이제 자신감 넘치게 최종 연설을 하고 있다. 무대의 끝으로 걸어가면서, 그녀는 강당 안을 살펴보고 청중들에게 늘려 잡은 영업 목표를 향해 전진하도록 도전시켰다. 그러나 캐럴은 무언가가

---

* 『How to become an authentic speaker』, Nick Morgan, November 2008, HBR을 번역하여 발췌 및 정리.

잘못되었다는 것을 감지한다. 청중들은 커다란 출발을 위해 필요로 하는 일종의 열정과 열의를 보이지 않고 있었다. 그녀는 공황상태에 빠지기 시작한다. '도대체 무슨 일이 일어난 거야?' 이러한 상황에서 그녀를 구출하기 위해서 그녀가 할 수 있는 일은 무엇일까? 우리 모두 캐럴을 잘 알고 있다(아마 당신 자신일 수도 있다).

우리 모두는 그녀와 같은 연설을 듣는다. 프레젠테이션(Presentation)에서 발표자는 외관상 다 맞게 하고 있지만, 그러나 아직 무언가가 잘못되었는지 정확하게 파악할 수 없다. 만약 이러한 연설에 대해서 질문을 받는다면, 우리는 그것을 '계산된', '거짓의', '실제가 아닌' 것으로 표현한다. 우리는 아마 왜 그러한 결과가 나왔는지 정확하게 말할 수 없을 것이다. 연설가는 진실해 보이지 않았다. 오늘날의 어려운 경제여건과, 특히 경영자 개인에 관련된 많은 추문의 여파로, 종업원들과 주주들은 그 어느 때보다도 더 회의적이다. 진정성은 타인과 신뢰성 있게 의사소통할 수 있는 능력을 포함한—중요한 리더십의 속성이 되고 있다. 리더들이 진정성을 가지고 있을 때에, 그들은 추종자들이 조직을 위해서 배의 노력을 하도록 고취시킬 수 있다. 그들이 진정성을 지니고 있지 않을 때에, 냉소주의는 팽배하고, 종업원들은 필요한 최소한의 노력밖에 하지 않는다. 커뮤니케이션 코치로서 일한 22년간의 경험에서, 나는 반복적으로 얼마나 관리자들이 진정으로 대중 연설에서 소기의 목적을 달성하는 것이 어려운지를 보아 왔다—심지어 열정적으로 그들의 메시지를 믿을 때조차도. 왜 이러한 유형의 의사소통이 그토록 어려울까? 왜 사람들은 단순하게 서서 진실을 말하지 못하는 것일까? 그 해답은 우리의 뇌가 의사소통을 지각하고 처리하는 방식에 대한 최근의 연구에서 찾아볼 수 있다. 우리 모두는 이제 비언어적인 커뮤니케이션의 영향력에 대해서 알고 있다-소위 'Second Communication'이라고 부르는 것. 만약 당신이 말한 메시지와 당신의 신체언어(body language)가 일치하지 않는다면, 청중들은 시시각각 비언어적인 메시지에 반응할 것이다. 동작은 말보다 더 큰 목소리를 낸다. 그리고 그것은 당신이 서서 진실을 말할 수 없다는 것을 의미한다. 당신은 흔히 누군가가 연설에 앞서서, "나는 예행연습을 한 것을 간과하는 것을 원치 않습니다, 그래서 나는 지금 연설을 하려고 합니다."라고 말하는 것을 듣는다. 그러나 프레젠테이션이 진행되는 동안에, 신체언어는 그의 진실성(신뢰성)을 해치게 될 것이다. 그는 스트레스적인 상황에 놓여 있기 때문에 상태가 나쁜 사람으로 보이게 될 것이다. 그가 말하는 메시지와 상관없이, 그는 연설이 진행되면서 리더로서의 자신감과 확신을 불러일으킬 공산이 없다는 것을 알게 될 것이다. 정말 준비는 중요하다. 그러나 전통적인 방식은-캐럴과 같은 세심한 예행연습-흔히 전혀 통하지 않는다. 그 이유는 대개 이 방식이 비언어적 요소에 대한 특별한 코칭(coaching)을 수반하기 때문인데-"눈 맞춤을 유지하고", "팔을 뻗고", "연단 뒤에서 걸어나오고"-이런 것이 결국 연설가가 인위적인 것처럼 보일 수 있게 하기 때문이다. 청중들은 그녀가 어떤 동작을 할 때, 그녀의 머릿속에서 굴러가는 바퀴를 볼 수 있다. 왜 이런 계산된 신체언어(동작이나 표정)가 진정성이 없는 결과를 가져오는가? 이것이 뇌 연구가 시작되는 곳이다. 우리는 인간의 2차적이고 비언어적 대화가 명확하게 말로 표현되기 전에 뇌의 깊은 곳에서 감정이나 충동의 점화 후에 즉시 먼저 일어난다는 것을 알게 되었으며, 연구결과는 사람의 자연스럽고 학습되지 않은 동작은 흔히 그들이 생각한 다음에 말하는 행위를 나타내는 척도라는 것을 보여 준다. 당신은 말이 움직이듯 동작을 취하는지 그 이유의 after-the-fact explanation이라고 말할 것이다. 포옹과 같은 간단한 것에 대해서 생각하자. 누군가를 포옹하려는 충동은 당신이 누군가를 반가워한다는 생각이 충분히 형성되기 전에 일어난다. 혹은 전형적인 대화에 대해서 생각해 보라. 강화, 반박 그리고 논평은 동작에서 먼저 일어난다. 우리는 강력하게 고개를 끄덕거리거나, 우리의 머리를 흔들거나, 눈을 굴리거나, 이런 모든 것들은 말이 할 수 있는 것보다 더 우리의 대응을 더욱더 즉각적으로─더욱더 강력하게 표현해 준다. 만약 동작이나 표정이 의식적인 생각보다 먼저 일어나고, 생각이 말보다 먼저 일어난다면, 연설 준비에 대한 우리의 생각을 변화시켜야 한다. 전통적인 방식으로 코칭을 받았을 때에, 하나씩 차례대로 구체적인 동작을 취할 때에, 연설가는 이와 일치하는 말을 하고 있는 순간에 그러한 동작을 사용하는 것으로 끝난다. 비록 청중들이 의식적으로 이러한 부자연스러운 결과를 지각하지 않는다 하더라도, 신체언어를 읽어 내는 그들의 타고난 능력은 무언가가 잘못되거나, 연설가가 진정성이 없다고 느끼도록 유도한다.

● 진실성을 연습하기

만약 우연한 자연스러움이나 전통적인 예행연습이 전혀 생생하고 강렬한 의사소통으로 이끌지 못한다면, 당신은 어떻게 중요한 프레젠테이션을 준비할 수 있겠는가? 당신은 당신의 연설 기초에 놓여 있는 기본적인 자극을 이용해야만 한다. 이러한 것들에는 네 가지 강력한 의지를 포함시켜야 한다. 개방적이 되고자 하고 청중들과 접촉하고, 열정적이어야 하며, 청중의 소리를 들어야 한다. 이러한 각각의 목표가 거의 모든 성공적인 프레젠테이션을 알려 준다. 당신의 연설을 마음 속에서 예행 연습한다. 네 가지 방식으로 실천하는 것을 시도한다. 결과적으로 각각의 목표에 대한 mind-set을 적용하고, 생각해 보는 것보다 더 느낀다. 구체적인 동작을 연습하는 것에 대해서 잊어버린다. 만약 당신이 솔직하게 이러한 감정을 실현할 수 있다면, 당신의 신체 언어는 그 자체를 조심스럽게 보살피고, 적절한 순간에 자연스럽게 나타날 것이다. 당신이 실제로 연설을 행할 때에는, 네 가지 기초를 이루는 목표에 지속적으로 집중한다. 여기에 역설과 모순을 언급해 둔다. 이러한 방법은 계산된 프로세스의 숙달을 통해서 진정성을 달성하도록 고안된 것이다. 그러나 진정성은 네 가지 목표, 혹은 우리가 'intent(의지, 의도)'라고 부르는 것으로부터 일어나는 것이다. 만약 당신이 신체적으로나 감정적으로 이 네 가지를 일체화시킬 수 있다면, 당신은 청중과의 강력한 연대감을 창조하는 지각된 실제의 진정성을 달성할 것이다. 연대(유대)를 창조하는 것은 쉽지가 않다. 네 가지 의지를 이용하는 몇 가지 조언을 제시하고자 한다.

● 청중들과 진정한 소통을 가져야 한다

이것은 연설을 연습하는 데 있어서 가장 중요한 첫 번째 것이다. 왜냐하면 만약 당신이 폐쇄된 채 등장한다면, 청중들은 당신을 방어석인 사람으로 감지할 것이다. 거기에 의사소통의 기회는 그리 많지 않다. 당신은 어떻게 더 개방적이 될 수 있을까? 당신이 완벽하게 긴장이 풀어지도록 하는 누군가에게-당신의 배우자, 절친한 친구, 당신의 자녀-프레젠테이션하고 있다고 상상해 보라. 심상이 무엇과 같은지, 그러나 특히 무엇과 같이 느끼고 있는지를 주목하라. 이것이 만약 당신이 당신의 청중들과 진정한 소통을 가져야 한다고 할 때 당신이 필요로 하는 상태이다. 만약 이러한 심상을 창조하는 것이 어렵다면, 실제의 상을 시도한다. 느긋한 친구를 찾아서, 그 친구에게 감추지 말고 개방되도록 시도한다. 그러한 광경은 무엇과 같은지 주목하고, 그리고 당신은 어떻게 느끼는지 주목한다. 지나치게 이지적으로 (합리적으로) 처리하지 마라. 이것은 약간은 골프 스윙이나 테니스 서브를 연습하는 것과 비슷하다. 비록 당신이 하고 있는 것에 대한 작은 심적인 기록을 한다 하더라도, 그들은 당신이 나중에 반복하려고 시도할 수 있는 감정을 인식하는 방법으로 들어가서는 안 된다. 개방성(솔직하게 터놓는 것)은 직접 많은 사람에게 위험하다고 느낀다. 나는 일에 대해서 열정적이었지만 청중들은 반응하지 않았던 한 CEO와 함께 일한 적이 있었다. 그는 자신에게 가장 중요한 것으로 의미를 지닌 일에 대해서 감정을 정확하게 보여 주지 못하는 소년처럼 행동했다는 것을 깨닫게 되었다. 그는 가장 흥분 했던 일을 친한 친구에게 만나서 말했을 때 느꼈던 경험들을 다시 상기하여야만 한다.

다시 캐럴에게 되돌아가 보자. 그녀가 그녀의 프레젠테이션에 더욱더 감정을 개방하자, 그녀가 이야기할 때에 그녀의 얼굴빛은 큰 미소로 밝아지기 시작하고, 그녀의 어깨는 긴장이 풀어진다. 그녀는 어떠한 의미 없이 그녀가 너무 심각했기 때문에 그녀의 청중들을 소외시켰음을 알게 되었다. 비언어적 행위들의 변화가 언어적 메시지에 영향을 줄 수 있다. 시간이 경과할수록, 나는 고객들이 더욱더 편안하게 이야기하기 시작한다는 것을 보아 왔다—그리고 더욱더 진정하게—신체적으로 더욱더 열린 자세의 의지가 더욱더 그들의 생각을 정직하고 솔직한 표현으로 이끌게 됨으로써.

● 청중들의 주목을 지속적으로 유지해야 한다

이제 당신이 숨기지 않고 개방적이라고 느끼기 시작했다면, 그리고 그것이 무엇과 같고 무엇과 같이 느꼈는지의 기록을 저장했다면, 당신은 다시 연설할 준비가 된 것이고, 고객들에게 집중할 시간이다. 당신의 청중들이 몰입되길 원하는 것에-그것을 필요로 하고 있다는 것을-대해서 생각해 보라. 당신이 잘 알고 있는 어린아이가 당신에게 주목하지 않고 있다고 상상해 보라. 당신은 당신이 할 수 있는 어린아이의 이목을 사로잡을 방법을 원한다. 당신은 전략을 짤 필요는 없다. 당신은 단순히 자연스럽게 적당하다고 느끼는 것을 한다. 목소리의 크기나 강도를 올리거나, 더 가까이 어린아이에게 접근한다. 당신은 또 청중들의 주목을 지속적으로 유지하길 원한다. 청중으로 하여금 당신의 이야기를 따라오지 않고 그들의 생각으로 빠지도록 내버려 두어서는 안 된다. 여기에서, 당신은 당신의 어린아이들을 10대 청소년으로 바꾸고, 이토록 쉽게 주의가 산만한 청중들을 당신의 말에 집중한 채 유지하는 열망을 상상해 보라. 만약 개방성이 게임에 참가하는 데 들어가는 분담금이라면, 관계 맺는 것은 청중들이 게임에 열중하도록 하는 것이다. 자, 이제 캐럴이 그녀의 청중들과 관계를 맺으려는 의지를 지니고 있기에, 그녀는 일반적으로 너무도 길게 기다리게 해서-사실 그녀의 연설의 끄트머리에 이를 때까지-그들과 관계를 맺지 못하고 있음을 알게 되었다. 그녀는 회사의 영업 성공에 두드러지게 기여해 온 청중들에게 다가감으로써, 다음 프레젠테이션을 하기 시작하고 그녀의 연설 동안 지속된 관계를 구축했다. 당신이 깊이 느끼고 있는 것이 무엇인지 스스로에게 물어본다.

문제가 되는 것은 무엇인가?

당신이 하는 프레젠테이션을 통해서 얻고자 원하는 결과는?

당신의 기업 전망에 대해서 흥미진진한가?

회사의 전망이 좋지 않은 것에 걱정하는가?

그것을 향상시키기로 결정하였는가?

당신이 말하고자 원하는 것이 아닌, 왜 당신이 이 연설을 해야 하는지, 이것에 대해서 당신은 어떻게 느끼는지에 초점을 맞춘다. 밑바탕에 깔린 감정이 사전 연습 동안에 당신이 말하는 모든 언어에서 발생하도록 한다. 그리고서, 당신 스스로를 위해 내기를 한다. 만약 당신이 열정적인 주장이나 논쟁으로 청중 가운데 누군가를 이기지 못한다면, 그 사람이 모든 것을 빼앗아 갈 영향력과 힘을 지니고 있다고 상상해 보라. 나는 은퇴할 나이에 임박했을 때, 다음 세대에게 그녀가 가장 소중히 하고 전승되길 원했던 것에 대해서 그녀의 동료에게 강연할 계획을 가지고 있던 컨설팅 기업의 고위 파트너와 함께 일한 적이 있었다. 그녀가 연설을 연습하기 시작했을 때에는 그 내용이 수정처럼 투명하고 분명했던 반면에, 성실성과 헌신의 중요성에 대해서는 분명치 않다는 논평을 받았다. 그녀는 연설의 밑바탕에 놓인 감정에 초점을 맞추기 시작하면서, 어떻게 무용수였던 그녀의 어머니가 어떤 장애물에도 관계없이 끝까지 해내는 집요함의 가치를 가르쳐 주었는지를 상기해 냈다. 그녀는 자신의 이야기에 어머니를 인용하기로 결정했다. 그녀는 그 당시 92세의 어머니가 자신의 경력 동안 경험했던 고통과 어려움이 결단코 공연하는 즐거움을 빼앗지 못하도록 했다고 말했다. 비록 연설가가 리허설 하는 동안에 눈물이 맺혔지만, 그녀의 열정이 이 이야기를 무언가 기억할 만한 것으로 전환시켰다.

어느 정도 더 지루했지만, 캐럴은 그녀가 열정적이었던 것에 대해서 생각하기 시작한다—가까운 경쟁자를 물리치고자 한 그녀의 결정— 그리고 그것을 그녀의 프레젠테이션에 어떻게 알릴 것인가? 그녀는 이러한 열정이 그녀의 직무에 대한 정열과 흥미를 이끌었다는 것을 알게 된다. 그녀는 그러한 열정 중 일부를 다음 연설에 불어넣었으며, 즉시 더욱더 인간적이고, 헌신적인 사람으로 나타났다.

● 청중의 감정적 상태를 발견하라

이제 당신이 청중들에게 다가가서 프레젠테이션을 시작할 때, 청중들이 느낄 가능성이 높은 것에 대해서 생각하기 시작한다.

그들은 미래에 대해서 흥분하는가?

저조한 영업 소식에 걱정하는가?

합병 후에 직업을 희망적으로 유지할 수 있는가?

당신은 연설을 할 때에 당신에게 보내는 그들의 반응의 신호를 보면서, 매우 가깝게 그들을 쳐다보고 있는 당신 자신을 상상하라. 물론, 청중의 감정적 상태를 발견하려는 당신의 의지는 실제 프레젠테이션 동안에 가장 중요할 것이다. 대개 당신의 청중들은 실제적으로 당신에게 말하지 않을 것이지만, 그들은 당신에게 당신이 입수해서 대응할 필요가 있는 비언어적 메시지를 보낼 것이다. 이것은 말처럼 그렇게 어렵지는 않다. 인류의 일원으로서, 당신은 신체언어를 읽어내는 데 당신의 청중만큼이나 전문가이다—만약 당신이 그렇게 할 의지만 있다면. 만약 당신이 청중들이 몸으로 전달하는 메시지를 읽는다면, 당신은 일정한 속도를 유지하고 당신의 언어를 다양하게 하며, 심지어 당신의 말 중 일부를 변화시키거나 첨삭하길 원할 수도 있다. 만약 이것이 당신으로 하여금 실제의 대화에서 청중을 참여시키도록 이끈다면—말하자면, 즉석의 질문을 물어봄으로써 더 좋아질 것이다. 만약 프레젠테이션의 끝마무리에 질의 시간이 책정되어 있다면, 당신은 누군가가 당신에게 중요한 것을 말하기 때문에 감히 하나의 말조차도 놓치지 않기 위해서 신체적으로나 정신적으로 유지하면서, 몸 전체로 고객들의 소리를 듣게 되길 바랄 것이다. 이런 생각이 없다면, 당신은 몸을 앞으로 수그리고 있거나, 고개를 끄덕거리고 있는 자신을 발견하게 될 것이다. 물론, 당신이 연설하는 중에 청중의 소리를 듣고 대응하는 것은 당신이 자료를 완벽하게 숙지하고 있어야 한다는 것을 요구한다. 그러나 당신은 청중이 당신에게 말하는 것을 듣고, 향후 프레젠테이션을 향상시키는 데 이용할 수 있다. 나는 자신이 너무도 성공했기 때문에 자신의 영업비결을 다른 사람들과 공유하기 위해서 전 세계 순회 강연회를 다니기 시작했던 영업담당 임원과 일을 했었다. 고객의 소리를 듣는 자리에서 그들의 말은 물론이고 그들의 신체언어에 주의를 기울이는 과정에서, 그녀는 그들이 단지 자신이 말한 것을 단순하게 듣는 것을 바라지 않는다는 사실을 알게 되었다. 그들은 들은 대가로 그녀에게 무언가를 주길 바라고 있었다. 그녀의 연설은 영감을 고취시켰으며, 그리고 그녀의 청중은 그녀에게 고마움의 표시를 하길 바랐다. 그래서 우리는 연설 끝에, 청중들이 모두 일어나서 서로 상호 작용하고, 그녀가 그들에게 주었던 영감의 일부를 강연자에게 돌려주는 간단하고 의미 있는 의식을 고안했다. 다시 캐럴을 생각해 보자. 그녀의 청중들의 감정을 입수하려는 의지 때문에, 캐럴은 자신의 연설내용 중에 영업직원들이 그들의 주요 경쟁자에 대한 위기감을 공유하리라는 잘못된 가정을 하고 있었음을 알게 되었다. 그녀는 다음 연설 도입부에서 왜 더 높은 목표가 중요한지를 설명하는 데 더 많은 시간을 할애해서 해결한다. 청중들의 마음 상태에 대한 이러한 대응은 개방적이 되고 청중과 관계를 맺고, 열정적이 되고자 하는 그녀 자신의 욕구와 결합되었을 때, 진정성이 있는 연설가로서 등장하는 능력을 강화시켜 준다.

Study while others are sleeping

work while others are loafing

prepare while others are playing

and dream while others are wishing.

Make no little plans

they have no magic to stir men's blood.

Make big plans,

aim high in hope and work.

Daniel H. Burnham

I've missed more than 9000 shots in my career.

I've lost almost 300 games. 26 times,

I've been trusted to take the game winning

shot and missed.

I've failed over and over and over again in my life.

And that is why I succeed.

Michael Jordan

I believe the people who are most successful

are those who do what really interests them.

There is no substitute for energy and enthusiasm.

Jacques Nasser

Coming together is a biginning,

keeping together is progress,

working together is success.

Henry Ford

Lost wealth may be replaced by industry,

lost knowledge by study,

lost health by temperance or medicine,

but lost time is gone forever.

Samuel Smiles

제2강

원고 구성 훈련

원고 구성 훈련

1. 스피치의 유형

1) 웅변형

마이크 시설이 없던 옛날에는 웅변형이 가장 좋은 연설 방법이었을 것입니다. 큰 행사 진행이나 야외 행사일 때에는 웅변형이 좋은 방법이 될 수가 있을 것입니다.

2) 훈화형

일반적으로 높낮이도 없이 감정도 없이 딱딱하신 분들이 하시는 스타일입니다.

3) 대화형

평소에 이미 숙달된 용어로 자연스럽게 말할 수 있기 때문에 가장 쉬우면서도 자연스러운 연설이 될 수 있습니다. 대중연설도 대중과 대화한다고 생각하면 큰 부담감에서 벗어날 수 있습니다. 마이크 시설이 잘 되어 있는 현시대에는 아주 좋은 방법 중에 하나입니다.

4) 연극형

보다 적극적이고 재미있는 표현을 할 때 좋은 방법입니다. 온몸을 사용하여 듣는 사람들에게 강한 느낌을 줄 수 있는 명강사나 부흥 목회자들이 이 방법을 주로 이용합니다.

2. 스피치 원고의 구성*

1) 3단계 구성

제1단계: 주제 선언

저는 지금부터 적극적인 인간에 대해서 말씀드리겠습니다.

---

* 김양일의 스피치 아카데미 교재에서 발췌 및 수정.

제2단계: 화제 전개

남편이 아내에게 "여보! 안경 좀 집어 주구려."라고 했을 때 말없이 집어 주는 아내가 있습니다. 이런 아내를 보수형이라고 합니다. 안경을 잘 닦아서 주는 아내도 있습니다. 이런 아내를 적극형이라고 합니다. 그런데 어떤 아내는 "안경은 뭘 하려구요?" "신문 좀 보려고 그래." "난 지금 바빠요. 당신 안경은 당신이 챙겨요." 하며 쏘아붙이는 아내도 있습니다. 이런 아내를 스크랩형이라고 합니다(예화 1). 직장생활도 마찬가지인 것 같습니다. 시키는 일만 하는 사람이 있는데 보수형으로 전체의 94%를 차지하는데 최고 진급은 과장으로 샐러리맨의 인생이 끝난다고 합니다. 그런데 어떤 사람은 시키는 일은 물론 시키지 않은 일까지 스스로 찾아서 합니다. 적극형으로 전체의 2~3%를 차지하는데 고급관리자까지 올라갈 수 있는 엘리트라고 합니다. 그런가 하면 시키는 일마저도 안 하는 사람이 있지요. 스크랩형으로 어느 조직에서나 골칫거리입니다.

제3단계: 촌평 및 주제 반복

여러분! 과연 어떤 아내, 어떤 직원이 사랑받고 출세할 수 있을까요. 적극형으로 살아 보지 않으시겠습니까? 저는 지금까지 '적극적인 인간'에 대해서 말씀드렸습니다.

2) 4단계 구성

제1단계(기)

여러분 폐쇄정책을 고집했던 빈곤의 나라 중국이 개방정책으로 경제 부흥을 이루겠다고 선언했습니다. 중국에서는 지금 '세 꼬마 이야기'가 유행하고 있다고 합니다.

제2단계(승)

아이가 혼자서 물을 길어 올 때는 멜대의 양 끝에 한 통씩, 두 통을 달고 능숙하게 운반하는데 두 아이에게 물을 길어 오라고 하면 멜대의 한가운데에 물통 하나만을 매달고 운반한다고 합니다. 그런데 세 아이에게 물을 길어 오라고 하면 우물가에서 노닥거리기 일쑤라고 합니다.

제3단계(전)

우리나라에서는 이 세 꼬마 이야기가 어떻게 받아들여질까요? 다행스럽게도 우리의 직장은 이것 해라 저것 해라 일일이 말하지 않아도 사명감을 갖고 서로 협력하면서 자기의 맡은 바 일을 잘 해 나가고 있습니다.

제4단계(결)

우리 모두 팀워크를 살려서 더 좋은 직장, 힘 있는 나라로 만듭시다.

3) 5단계 구성

제1단계: 주의를 끄는 단계

여러분! 1억 원을 만듭시다. 지금이야말로 1억 원 저축시대입니다.

제2단계: 필요성을 보이는 단계

여러분은 자신의 집을 갖고 싶습니까? 아무리 조그만 집이라도 1억 원은 듭니다. 자녀를 양육하고 교육해서 사회로 내보낸다고 해도 역시 1억 원은 필요합니다. 정년퇴직을 맞았을 때도 적어도 1억 원 정도는 있어야 마음이 놓입니다. 지금부터라도 1억 원을 목표로 저축을 시작해야 합니다.

제3단계: 만족의 단계

같은 돈이라도 잘만 굴리면 의외로 빨리 목돈을 장만할 수가 있습니다. 좋은 방법의 하나가 투자펀드에 맡기는 일입니다. 고수익을 올리기에 유리한 투자 전문기관인 저희 투자신탁에 맡기시기만 하면 됩니다.

제4단계: 구체화의 단계

한 달에 30만 원 정도만 계속 저축해 나간다면 안정된 높은 이자의 환전을 기대할 수 있고 이자가 이자를 쳐서 저축한 돈은 눈덩이처럼 불어만 갑니다.

제5단계: 행동추구의 단계

그런데 몇 년이 걸리냐고요? 지금부터 설명서를 나눠 드리겠습니다. 한번 보시고 부자가 되시기를 바랍니다.

스피치 소스 2*

● 인지운동

신경과학 분야의 새로운 연구가 뇌를 훈련시켜서 영민하게 유지하는 방법을 보여 준다. 윈스턴 처칠은 식사를 하는 중에 하기 전에, 하고 난 후에 시가를 피우고, 술을 먹는 습관으로 널리 알려져 있다. 그러나 처칠은 또한 정신적으로 매우 활동적이었다. 역사가들이 충분히 언급했듯이, 처칠은 90세까지 살았다. 그것은 정보량이 어떻게 두뇌가 육체에 영향을 미칠 수 있는가에 대한 새로운 빛을 밝혀 주고 있음을 말해 준다. 물론, 오늘날 자신의 신체건강을 거의 돌보지 않았던 처칠의 사례를 따라 하고자 하는 임원진은 거의 없다. 기대수명이 갈수록 증가하면서, 사람들은 자신의 삶이 가능하면 건강하다는 것을 보증하기 위해서 더 많은 일을 한다.

오늘날 미국 심장병 협회는 일주일에 5일간을 30분씩의 적절한 운동을 권장한다. 놀랍지도 않게 모든 대기업은 복리후생 항목으로

---

* 『Cognitive Fitness』, Roderick Gilkey and Clint Kilts, November 2007, HBR을 번역하여 수정 및 발췌.

Health 회원권을 제공하고 있으며 많은 기업이 사내에 체육관을 제공한다. 길거리에서 당신은 거의 자신의 묵고 있는 호텔에 체력단련 센터가 있다는 것을 확인하게 될 것이다. 당신은 아마 이러한 시설을 이용하고 있을지도 모른다. 그러나 최근까지 정신적인 건강을 유지할 수 있도록 당신이 할 수 있는 활동적인 노력에 대한 아무런 지침도 없는 것처럼 보였다. 즉, 우리가 늙어 감에 따라 찾아오는 기억과 분석적 영민함의 손실을 보전하기 위해 당신이 할 수 있었던 두뇌 훈련은 아무것도 없었다. 최악의 시나리오는, 당신은 정확하게 밝혀진 치료방법이 없는 알츠하이머병으로 생을 마감할 수 있다는 것이다. 그러나 1990년대에 국립보건연구소, 정신건강국립연구소, 미 국회도서관은-백악관이 신경과학적 조사연구의 필요성에 대한 공공의 인식을 확대하기 위해 '뇌의 시대'를 천명한-광범위한 연구를 제공했으며, 인간의 뇌에 대해 오랫동안 간직했던 일부 믿음을 뒤엎었다. 그중한 가지는 뇌는 필연적으로 나이에 따라서 감퇴한다는 것이다. 그러나 뇌의 연산능력을 유지토록 해 주는 기초 세포인 뉴런은 우리가 늙는다고 해서 죽지 않는다는 것이 밝혀졌다. 사실 운동이나 기억과 같은 기능을 수행하는 데 중요한 뇌의 특정부분이 실제적으로 나이 들어감에 따라 뉴런의 보충을 확장시킬 수 있다. 이러한 프로세스는 신경발생이라 명명되어, 주류 신경과학에서는 감히 생각할 수가 없던 것이었다.

이 모든 것이 당신과 무슨 관계가 있는 것일까?

당신의 삶을 살아가는 방식이 신경발생(neurogesis)의 프로세스에 영향을 미친다. 뇌 해부학, 신경망 그리고 인지능력은 당신의 경험과 외부환경과의 상호 작용을 통해서 향상되고 확대될 수 있다. 당신의 뇌의 건강은 단지 유년기 시절의 긍정적, 부정적 경험과 물려받은 유전의 산물이 아니다. 왜냐하면 그것은 당신의 성년기의 선택들과 경험을 반영한다. 이것은 아주 기쁜 소식이다. Sigmund Freud와 신경과학과 정신분석학에서 그를 추종하는 학파는 오랫동안 뇌의 발전은 어린 시절 혹은 사춘기 때에 중단된다고 생각해 왔다. 비록 이러한 기간들이 신경개발의 가장 큰 잠재력을 견지한다 하더라도, 우리는 현재 당신이 나이 들어감에 따라 지적 능력을 개발하고 유지하기 위해 당신이 따라 할 수 있는 양생법이 있다는 것을 알고 있다. 뇌 영상촬영이 예를 들어 첼로를 연주하고 곡예를 하고, 외국어를 말하고, 택시를 운전하는 것과 같은 다양한 분야에서 획득한 전문지식은 운동 조정과 입체 공간적 활동을 담당하고 있는 뇌의 특정 영역에 있는 신경 시스템을 확대시키고, 더욱더 전달력 있게 만든다는 사실을 보여 준다.

다시 말해서 당신이 새로운 기술을 배운다면 당신의 뇌에 물리적 변화를 만들 수 있다는 것이다. 당신은 심지어 의식적인 의지(의욕)를 실천함으로써 두뇌 활동 방식에 변화를 만들 수도 있다. 실시간 뇌 촬영기술을 이용한 최근의 실험에서 과학자들은 이론적으로 사람들이 약물 없이 신경 피드백을 통해서 고통을 완화시키는 것이 가능하다는 것을 보여 주었다. 신경과학 분야의 이러한 발전은 60세의 두뇌가 25세의 두뇌와 같이 유능할 수 없는 아무런 이유가 없다는 것을 암시한다. 60대와 70대의 나이에 지적 능력의 최고 정점에 있었던 소크라테스와 코페르니쿠스, 갈릴레오 등과 같은 사상가들에게도 이러한 뉴스는 없었다. 알렌 그리스펀과 워런 버핏, 섬너 레드스톤 등과 같은 비즈니스 리더들에게 놀라운 일도 아니었다. 이러한 우상들과 여러 다른 인물들은 두뇌의 영민함은, 소위 우리가 말하는 지적 체력

(인지적 적합성)-이치를 생각하고, 기억하고 학습하고, 계획하며, 특별한 태도, 생활양식 그리고 활동에 의해서 향상된 것에 적응하는 최적화된 능력의 상태-의 결과라는 것을 직관적으로 이해하고 좋아한다. 당신이 지적으로 더욱더 건강할수록 당신은 더 나은 의사결정을 내리고, 문제를 해결하고, 스트레스와 변화를 다룰 것이다. 인지적 적합성(지적 체력)은 당신이 더욱더 새로운 아이디어와 대안적 견해에 개방적이 되도록 허용할 것이다. 그것은 당신에게 당신의 행동 변화 능력을 제공하고 당신의 목표를 실현시키기 위해서 결과를 예측하도록 하는 능력을 제공할 것이다.

당신은 당신의 회사가 가장 높이 평가하는 유형의 사람이 될 수 있다. 아마도 더욱더 중요한 것은, 당신은 오랫동안 노쇠를 지연시킬 수 있고, 심지어 제2의 인생을 즐길 수 있다. 그렇다면 어떻게 당신은 지적으로 좋은 상태가 될 수 있을까? 기초가 튼튼하게 확립되어 있는 심리학과 정신건강 분야의 연구는 물론이고 급속도로 확장되고 있는 신경과학 연구로부터 선별적으로 도출했을 때, 우리는 당신이 택할 수 있는 4단계를 파악했다. 이러한 단계들은 말할 것도 없이 철저한 것이다. 이 단계들은 중첩되어 있으며, 다른 단계를 강화한다. 네 가지 단계는 매우 적극적이고 창의적인 뇌를 유지시키는 주요한 기회를 포착할 것이라고 우리는 믿는다.

제1단계: 경험은 뇌를 성장시킨다

인지적 건강상태에 대한 경험 의존적인 본질은 오랜 세월 동안 심리학자에 의해서 높이 평가받아 왔다. 20세기 중반에, 심리학자(정신

분석학자)들은 풍부한 경험이 유년기의 아동들이 자신들의 환경과 상호 작용하도록 도와준다는 사실을 기록했다. 우리는 경험이 두뇌에 물리적 영향을 미치고 있다는 것을 알고 있었다. 18세기 말 이탈리아 해부학자 Vincenzo Malacarne는 개와 새에 대한 일련의 유명한 통제된 실험을 수행했었다. 그는 개와 새를 각각 한 쌍씩 구별해서 한 마리의 실험동물에는 집중적인 양육과 훈련을 시켰으며, 다른 한 마리에는 집중적인 양육은 제공했지만 훈련을 시키지 않도록 했다. 그리고 난 후 나중의 해부결과 훈련을 받은 동물의 뇌가 그렇지 못한 동물의 뇌보다 해부학적으로 더 복잡하다는 것을 밝혀냈다. 이것은 경험과 훈련이 뇌의 구조에 미치는 영향을 최초로 규명한 연구였다. 앞서 언급한 사례를 보강하기 위해서 첼로를 연주하는 손을 나타내는 전기 작동 분야의 확장이 조기에 훈련을 받지 않은 사람보다 조기에 훈련을 받기 시작한 사람에게 더 컸다.

신경과학 학파가 아주 오랫동안 경험을 확대하는 생물학적 영향에 대해서 알고 있었던 반면에 우리는 최근에야 비로소 학습을 상징화하고 성과 역량을 구축하기 위해서 뇌가 어떻게 경험을 처리하는지 규명했다. 대상과 사람, 그리고 행위를 재연하는 집중적인 뉴런 시스템의 발견은 이와 관계된 메커니즘에 대한 새로운 설명을 제공해 준다. 이러한 시스템을 구성하고 있는 거울 신경세포(mirror neurons)는 자신의 환경 속에서 대상과 행위를 정신적으로 흉내 냄으로써 지각의 속도와 정확성을 지원해 준다. 거울 신경세포가 우리로 하여금 외부의 세계를 내적으로 반영하도록 해 준다는 것을 알게 된 것이 어떻게 인간이 자신의 환경을 이해하고 지배하는지에 대한 우리의 통찰력에 획기적인 비약이었다. 관찰을 통해서 지득한 경험은 이러한 실행을 향상시키는 뉴런을 활성화시키고 학습과 학습역량을 가속화시킨다. 전통적으로 과학자들은 사람들은 실습을 통해서 새로운 기술을 습득한다고 생각해 왔다−말 그대로, 직접 경험을 통해서−그러나 거울 신경세포의 존재는 당신이 관찰과 간접경험을 통해서 기술을 습득할 수 있다는 것을 의미한다.

잠시 이것을 생각해 보자. 골프 프로선수가 당신이 따라 하도록 정확한 스탠스와 스윙을 보여 주었을 때 거울 신경세포는 활성화되어, 정확한 행동에 대한 심상(정신적 이미지)을 당신에게 제공해 줌으로써 그의 경험으로부터 배울 수 있도록 해 준다. 그리고 이것은 단지 이 방식으로 채택할 수 있는 신체적 기술은 아니다. 당신의 사회적 인식은 표현과 동작, 그리고 다른 신호를 반영하는 전문적인 뉴런에 의해서 이와 유사하게 지원을 받으며, 다른 사람의 행동과 표현을 당신이 습득한 내부적 표현과 매칭함으로써 다른 사람들의 행위와 표현을 읽어 내는 능력을 발전시킨다. 이러한 정신적인 심상은−예를 들어, 프로 골프선수의 스윙을 정신적인 이미지를 통해서 재창조하고자 시도하는 것−학습과 새로운 역량을 획득하는 생생한 방식이다. 실제, 스포츠 프로선수들은 흔히 그들의 탁월한 능력을 볼을 때리고 잡기 전에 그 볼과 볼의 비행을 볼 수 있는 능력으로 돌린다. 이러한 방식의 뇌의 학습능력은 리더 양성의 도구로써 모의실험과 사례연구의 이용에 대한 생물학적 사례를 만들어 준다. 이러한 방식은 학습의 효과적인 방법을 약속할 뿐만 아니라 잠재적으로 매우 효율적이다.

당신은 상상컨대 예를 들어, 모의실험(흉내 내기)에 단기적으로 노출시켜서 다른 사람의 오랜 직접경험의 뇌의 장점을 얻을 수 있다. 흉내의 경험들은 실제 경험의 신경세포의 **readiness**를 구축할 수 있다.

물론 직접경험은 어느 한 사람에게 뇌의 개발의 초석으로 남아 있으나―그러나 우리는 갈수록 그러한 경험을 용이하게 하는 방법을 알게 되었다. 임원진의 두뇌를 강화시키는 데 사용될 수 있는 가장 강력한 도구 중의 하나는 배회이다. 비즈니스 세계에서 이것은 배회관리라고 잘 알려져 있는데 사무실을 벗어나서 종업원과 이야기를 하는 방식이다. 이것은 단지 훌륭한 경영상의 방식은 아니다. 이것은 인지 훈련의 건전한 형태이기도 하다.

배회는 호주 원주민 청춘기의 소년들이 정신적이고 심리적인 자기 확립과 성숙을 추구하기 위해서 오랜 기간 어려운 육체적 여정(심지어 수개월이 소요되기도 하는)을 통과하는 의례 후에 붙여진 이름이다. 시기가 적절한데, 그 이유는 청춘기 동안에 뇌는 정신적 사회적 산물은 물론 자아 정체성을 부호화하는 전두엽 피질에 존재하는 뉴런을 만들고 통합하기 때문이다. 이 프로세스는 뇌의 뉴런이 완전히 미엘린(전선의 플라스틱 피복과 마찬가지로 신경세포를 둘러싸는 백색 지방질 물질로 뉴런을 통해 전달되는 전기신호가 누출되거나 흩어지지 않게 보호한다)으로 싸이고, 다 자라난 뇌가 효율적이고 조직화된 방식으로 기능하도록 도와주는 네트워크로, 상호 연결되는 청소년기 말에 최고조에 달한다. 물론 배회는 통과의례만은 아니다. 그것은 얼마나 많은 유사한 의례와 의식들이 정확하게 동일한 연령대에 다른 문화권에서도 발생하고 있는가는 매우 주목할 만한 일이다. 청소년기의 소년들은 개인적인 삶의 역사와 신체적 발달을 생존 가능케 하고, 더욱더 발전된 자아로 통합하기 위해서 '절정의' 경험을 필요로 한다는 일반적으로 널리 용인된 합의이다. 더욱더 용감하게 말한다면, 이러한 종류의 여정은 특히 만약 시기가 적절하다면 경영진의 경력에 강력한 영향력을 지닐 수 있다. 워런 버핏은 이것을 실현한 리더다.

제록스의 CEO로 앤 매카시가 파산을 향해서 빠르게 달려가고 있는 재무적 위기로부터 회사를 구출하기 위한 방법에 대해서 워런 버핏에게 조언을 찾을 때 그는 그녀에게 배회를 하라고 제안했다. 그의 조언은 그녀가 반드시 제록스의 종업원들과 고객들이 생각하고 있는 것을 정확하게 알아야 하고 재무 분석가나 주주들이 말하는 것에 대하여 덜 걱정하라는 것이었다. 그것은 매카시가 CEO로서의 직책을 시작하는 시점에서 그녀를 추종할 사람들에 대한 더 깊은 이해력을 얻는 것은 신경학적 견지에서는 탁월한 이치였는데, 왜냐하면 리더로서 그녀의 의사결정을 가능하도록 한 뉴런 네트워크는 아직도 완전하게 형성되어 있지 않았기 때문이다. 만약 그녀가 사무실 모퉁이 한가운데에서 소외된 채 머물러 있었다면, 그러한 네트워크는 확실히 오늘날 그들이 보고 있는 것과는 다른 모습으로 종말을 맞았을 것이다.

제2단계: 일을 즐긴다

당신이 인지적 건강상태를 증진시킬 수 있는 가장 효과적인 또 다른 방법은 중대한 경영상의 활동에 종사하는 것이다. 철학자 베르그송은 "존재하는 것은 변화하기 마련이고, 변화는 성숙하는 것이고, 성숙은 자신을 끝없이 창조하는 길로 나아가는 것이다."라고 하였다. 이것을 잘 해 나가는 것은 의식적으로 유년 시절의 위대한 유산의 하나를 자세하게 묘사하는 것을 필요로 한다. 이는 곧 상상하고 발명하는 우리의 능력의 정화에 놓여 있다.

'Play' 단어의 기원은 Telling이다. 이 말은 고어 영어단어인 'Plegian'에서 기원하는데 exercise를 의미한다. 동사로서 'Play'는 흔히 발견이나 학습을 증진시키는 개인이나 그룹의 가상의 활동으로 정의되거나 혹은 심리학자 다니엘 골만이 말하는 감성지능과 사회지능을 발전시키는 사회적 활동으로 정의된다. 명사로서의, Play는 즐거움과 휴식을 위해 관계된 활동으로 간주된다. 두 가지 뜻에서 이것은 두뇌의 보상 시스템과 강력하게 연관되거나 기쁨에 긴밀하게 연계되어 있다. 사실 포유동물에 대한 잭 팬셉의 신경과학적 연구는 Play를 인간의 기본적인 욕구와 어린아이의 사회적 두뇌 계발에 결정적인 유전자 표현을 변화시키는 특정의 신경화학 물질의 해방과 연결되어 있는 즐거움과 기쁨의 뇌의 원천으로 규명했다. 즐거움은 "감정적 연료"로 표현해 왔던 것을 제공하는데, 이는 뇌가 시냅스틱 네트워크를 발전시키고 확대하도록 도와준다. 팬셉과 그의 동료에 따르면 어린 시절에 이 신경화학 물질은 더 낮은 하부 피질 지역에서 나타나는데, 나중에는 전두엽 피질과 관계가 있는 더 높은 뇌의 기능의 발전에 기여한다. 그래서 Play는 성년기의 사회적 성숙과 감정적 성숙의 심리학적인 전조일 뿐만 아니라, 마찬가지로 생리학적 전조이기도 하다. 당신이 당신의 직업 경력의 힘든 일을 향해 나아갈 때, Play하는 것을 기억하는 것이 매우 중요하다. 그것은 성인의 삶에서 Play는 전두엽 피질(가장 높이 진화되고, 가장 최근에 획득한 두뇌의 부분)에 관계하고, 우리의 가장 높은 수준의 인지적 기능－인센티브와 보상 프로세스에 관련된 것들, 목표와 기술의 표현, 정신적인 상상, 자아－인식, 그리고 기억을 배양하기 때문이다. 그러므로 Play는 세상의 이치를 이해하고 사유하는 능력을 발전시킨다. 우리의 가장 탁월한 사상가이자 리더들은 이 사실을 알고 있다. 예를 들어 알베르트 아인슈타인은 자신의 심오한 통찰력을 우주의 본질에서 파악하는 능력을 복합적인 **Play**의 결과로 보았다. 상대성 이론을 개발한 그의 경험에 대해 표현해줄 것을 요청받았을 때, 그는 상대성 이성은 "물리적 지각"으로 시작되어 나중에 일련의 시각적 이미지가 되었고, 최종적으로 문어체의 공식으로 등장해서, 언어와 상징으로 표현할 수 있었다고 진술했다. 이것은 마치 어른들의 논리적 추론의 과정보다 등장인물들이 마술처럼 툭 튀어나오는 공상세계를 어린아이들이 창조하는 것처럼 들린다.

"아인스타인이 지식보다 상상이 더 중요하다고 결론짓는 것에 아무런 의심도 없다."

Play는 우리가 반드시 의식적으로 이용해야 하는 도구이다. 우리에게 닥친 요구사항들이 갈수록 더 큰 수준의 감정 통제를 요구하게 됨에 따라―그러나 우리가 더 나이 들어가면서 우리는 불행하게도 덜 **Play**하는 경향이 있다.

여기 다니엘 골만이 이러한 프로세스를 어떻게 표현했는지 기록되어 있다. 어린아이가 성숙해 감에 따라서, 감정을 통제하는 회로는 서서히 웃고 장난치려는 거품처럼 일어나는 욕구와 충동을 억제할 것이다. 전두엽 피질의 조절(제어) 회로가 유년 시절 후반기와 10대에 발달되고, 어린아이들은 더욱더 심각해지고 진중하라는 사회적 요구를 만족시킬 수 있게 된다. 그 결과 **Play**는 먼 기억의 영역으로 가라앉게 되고, **Play**를 소생시키고 활력 있게 하는 능력은 감소한다. 일부 조직은 직원들로 하여금 **Play**하고 실험하는 자신의 방식을 추구한다. 구글이나 애플사와 같이 열심히 일하는 일부 실리콘 밸리 기업들은

Zen dens이나 Play spaces, 그리고 잡담 공간과 같은 다양한 일종의 놀이를 촉진하는 환경을 제공한다. 이들 기업의 리더들은 Play하는 뇌를 위한 편안한 제도적인 환경이 사람들로 하여금 창의적 능력과 인지 건강을 발전시키도록 허용하는 강력한 도구가 될 수 있음을 인식하게 되었다. 반대로, Play를 억누르는 기업에서는 지적 능력은 아마도 실제적으로 실패−도피 증후군을 지닌 어린아이처럼 감소할 것이다. 실제로 경험이 박탈당하거나 혹은 학대하는 환경에 의해서 만들어지는 한 가지 대표적인 사례가 ITT(특히 전임 CEO 헤롤드 제닌 재임 중에)의 사례로, 이 회사는 월 스트리트 저널에 "끊임없이 당신을 실망시킴으로써 어떻게든 당신의 기대치를 낮추는 회사(a company that's continually going to disappoint you however low your expectations are)"로 한때 장식되었다.

당신의 뇌가 발달하도록 하는 적합한 환경을 발견하는 데 가장 커다란 도전은 위험과 안전 사이의 균형을 깨트리는 것이다. 당신은 반드시 실제 게임에 종사해야만 하는 상황에서 당신이 하는 게임에 이해관계를 가지고 있어야 하며 위험은 뇌에 경고하고, 추론과 상상에 대한 역량을 활성화한다. 만약 당신이 당신의 경력에서 어느 정도 위험을 허락하지 않는다면 당신은 아마 자율권을 가지고 세상을 탐험하는 데 실패하고, 영원히 잠재력을 성취하지 못하는 과잉보호된 어린아이와 같은 수준으로 유지하게 될 것이다. 그러나 게임에서 지나치게 큰 개인적인 이해관계는 스트레스를 만들어 내는데, 이것은 안전 시스템을 구성하는 뇌의 편도와 다른 변연계 뇌의 영역을 활성화시킨다. 변연계 시스템이 작동하기 시작할 때 당신의 뇌는 더 높은 순서로 학습하는 것에 종사하기보다는 본능적이고 사전에 프로그램화된 생존의 행위로 되돌아간다.

극단적인 상황에서 스트레스는 불안 장애와 혼란한 행동을 촉발시킨다. 그리고 당신이 더욱더 충동적일수록 위험은 더 발생할 가능성이 높다. 야망이 있는 사람들은 실패나 어리석게 보이는 것을 싫어한다. 사회과학자 크리스 아지리스가 주장했듯이 영리하고 현명한 사람은 학습에 장애를 겪는데 왜냐하면 실패에 관계하고 있기 때문이다.

따라서 지나치게 큰 이해관계는 미리 예상하여 준비하든지 자신에게 맞추든지 의사결정을 하여야 한다.

제3단계: 반드시 패턴이 있다

모든 사람이 알고 있듯이 뇌는 매우 다른 기능을 지닌 상호 연결된 두 개의 반구로 구성되어 있다. 신경과학 기술과 연구가 좌뇌와 우뇌의 특별하고 구체적인 역할에 대한 더욱더 완전한 그림을 제공해 주고 있다.

좌뇌 반구는 사람이 일상적인 과업을 처리하는 데 이용하는 신경 정보의 기초적인 원천이다.

우뇌 반구는 덜 선형적이고 덜 언어적이거나, 덜 수리적으로 구조화된 자료와 새로운 경험을 포함하는 작업들을 처리한다.

우뇌 반구는 좀 더 뇌의 "시적인" 부분이다. 우뇌는 비유적이고 상징에 기초한 상상적인 방식에서 작동된다.

이 현상에서 우리는 리더로서 당신이 흔히 유전된 유전적 형질에 의해서 필연적으로 결정된 것으로 생각되고 있는 좌뇌 반구의 기능을 어떻게 하면 보다 향상시킬 수 있는 것인가에 초점을 맞출 것이다.

아이러니하게 사업가들을 겨냥하고 있는 많은 인지 적합(건강상태)성 훈련과 연습은 우뇌를-창의적이고 놀이하는 부분-자극하는데 집중되어 있다.

부분적으로 이는 사업가들을 회색빛 복장을 갖춘 둔한 전통적인 인물상으로 생각해서 느슨하게 풀어 줄 필요가 있는 사람으로 판단하기 때문이다. 그것은 또한 최근에 창의성이 기업 병의 만병통치약으로 보기 시작했다는 사실과 관련이 있다.

그러나 창의력과 일탈적인 사고를 자극하는 것이 중요하지만, 흔히 좌뇌로 간주되는 분석적인 신경 네트워크에 자극을 통해서 더 많은 효과와 이익을 끌어낼 것이다.

이러한 네트워크는 당신이 주어진 특정일에 사용하는 표준 운영절차를 구성한다. 마치 이는 익숙한 과업과 도전을 처리하기 위해 자동적으로 활성화되는 광대한 인지 저장고나 도서관과 같다.

왜 좌뇌 반구가 그토록 중요한가?

최근의 뉴런 화상처리 조사가 좌뇌의 성과를 제공하는 엔진 중 하나를 규명했다. 엘커넌 골드버그와 같은 신경과학자들이 'Attractor'로 부르는 뉴런의 무리로 이것은 뇌에서 중요한 실행 기능을 중간에서 전달하고 조정한다.

'Attractor'가 배타적으로 좌뇌 반구에만 존재하는 반면에 그 반구에서 특별히 지원하는 역할을 담당한다. 'Attractor'는 가장 큰 효율성과 효과차원에서 생각과 행동을 편성하기 위해 조직된다.

'Attractor'는 노벨상 수상자 허버트 사이먼이 말하는 우리가 지닌 가장 강력한 인지 도구라고 생각하는 패턴 인식의 기초를 형성한다.

패턴 인식은 환경을 살펴보는 뇌의 능력으로서 그중 몇 가지를 꼽

는다면,

1) Order를 분별하고 많은 양의 정보로부터 의미를 창조하고

2) 이것을 통해서 신속하게 상황을 진단해서

3) 적절한 행동이 올바른 방식으로 높은 수준의 정확도를 지니고 옮겨지도록 할 수 있는 능력이다.

결국 그것은 높은 수준의 추상화 능력을 이용하고 가장 깊이 저장된 경험의 저장소에 기반을 두고, 성찰하는 능력을 이용하는 복잡한 연쇄반응이다.

패턴 인식의 영향력과 임원의 뇌의 핵심적인 역량은 극단적으로 단순화함이 없이 단순화하는 능력에서 보일 수 있다. 급속도로 변화하는 비즈니스 환경의 이치를 깨닫고자 노력하는 임원에게 탁월한 패턴 인식은 분명히 개발될 수 있는 가장 커다란 경쟁우위일 것이다.

여기 당신이 좌뇌 반구의 역량을 개발하기 위해 할 수 있는 많은 방안이 있다. 최우선적으로, 당신이 지닌 기존의 의식구조(Mind-set)에 도전하여 그것을 넓히고 더욱 복잡하게 만드는 것이다.

다른 견해와 관점을 청취하고 새로운 종류의 저널과 책을 읽고, 초점이 잡힌 학습 목적을 지니고 장소를 방문한다.

이러한 모든 경험들-특히 그것들이 당신의 조직이나 일에 관련된 것이라면-당신의 언어와 개념창고 그리고 전반적인 관점을 확대할 것이다.

그러한 담금질은 당신 자신이 지닌 기존의 의식구조에 이의를 제기하고, 패턴 인식의 능력을 향상시킬 것이다.

히타치 데이터 시스템(Hitachi Data Systems)은 우리가 이야기했던

것을 전격적으로 실행한 훌륭한 사례를 제공한다. 애틀랜타에 본사를 두고 있는 컨설팅 회사 브라이트-하우스와 공동으로, 히타치 사의 임원들은 유명한 고전학 교수와 함께 그들의 비즈니스를 **Repositioning**하는 방법을 생각하도록 도와주기 위해서 관념-전략 세션에 초대되었다.

그들이 거기서 배운 결과, 일부 임원들의 아이디어와 지식이 자유롭게 교환되는 열린 시장을 만들자는 의견과 함께 그리스의 아고라와 비슷한 형태로 회사를 재조직하기 위해 작업하였다.

우리는 고전학 교수가 히타치의 임원들에게 무엇을 해야 하는지 말했다는 것을 말하는 것이 아니다. 그보다는 히타치의 리더들이 고대 아테네에 대해서 말했던 것처럼, 그들이 회사에 대해서 알고 있는 정보를 나누고 더 잠재적으로 새롭고, 훌륭한 방식을 창조하기 위해 결합했다는 것이다.

이러한 행동과 함께, 최고로 중요한 사항은 이런 행동들을 자주 하는 것이다. 새로운 시스템과 새로운 사고방식에 자신을 일관성 있게 지속적으로 헌신한다.

이것은 일시적인 이벤트가 아닌데 그 이유는 당신을 다양한 사례와 상황에 노출시키는 것이 점증적으로 당신의 뇌에 풍부한 경험을 부호화해 주기 때문이다.

당신의 인지 적합성(지적 체력)을 극대화하기 위해서 자신의 경험을 다양화할 필요가 있듯이, 당신은 또한 당신의 경영 팀의 구성원들의 경험도 다양화해야 한다는 것을 분명히 원할 것이다.

동일한 성장 경로를 거친 사람들로 팀을 채우는 것을 피한다.

이러한 조언은 명백한 진실로 인식되지만 실제로 우리는 최고 경영자가 조직 내 최고의 자리에 어떤 사람을 배치하는가에 대해 냉철

하게 살펴볼 것을 제안한다.

하나의 지배적인 경로가 있는 경향은 없는가?

승진을 고대하는 사람들은 다른 사람들을 벤치마킹하는 경향이 있기 때문에 이것을 자연스러운 것으로 생각하며, 최고의 위치에 있는 사람들은 그들 자신과 비슷한 경향을 지니고 있는 부하직원을 따뜻하게 대하는 경향이 있다.

진화생물학은 당신에게 이러한 행동의 생존가치에 대한 수많은 설명을 제공해 줄 수 있다. 그러나 만약 당신이 당신 회사의 인지적 적합성(지적 체력)에 대한 관심과, 특히 당신의 경영 팀의 전반적인 패턴을 구별하는 능력에 각별히 관심을 기울여야 한다면, 당신은 한 가지 종류의 리더들을 선발하는 편향과 편집증에 대한 강력한 파수꾼이 될 필요가 있다.

제4단계: 신비로움과 혁신에 대한 추구

우리는 이제까지 인지적 적합성(지적 체력)의 최고조 수준을 달성하는 데 좌뇌의 역할을 살펴보았다. 이제 우뇌 반구의 기여로 화제를 돌려 보자.

새로움을 처리하는 뇌의 능력, 일반적으로 우뇌 기능과 관계된 능력을 확대하는 중요성은 득히 우리가 우뇌가 좌뇌보다 나이 들어삼에 따라 더 빨리 파괴된다는 사실을 생각할 때 더 특별하게 분명해진다.

우뇌 반구는 한때 일부 신경과학자로부터 인지 능력차원에서 '열등'적인 반구로 기술되었는데, 그 이유는 좌뇌가 언어능력, 기본적 혹은 선형 논리에 대한 우리의 능력을 지배하고 있기 때문이었다.

또한 오랜 세월 동안 우뇌가 나중에 좌뇌로 부호화되는 지식과 지혜를 획득하는 데 얼마나 중요한 역할을 수행하는지는 분명하지 않았다.

최근의 연구에 의하면 우뇌 반구는 발견과 학습을 전담하는 뇌의 탐구적인 부분임이 밝혀졌다. 어린아이가 언어를 배우거나 혹은 성인이 페인트를 칠할 때에-새롭고 신기한 방식으로 세상을 쳐다보고 경험할 때마다-우뇌 반구의 활동이 이루어진다.

나중에 새로운 지식(예를 들어, 언어)은 자원개발의 반구인 좌뇌로 옮겨져서 조직화되고, 부호화되고, 매일 수정이 가능해지고 사용된다.

만약 좌뇌 반구가 언어를 표현하는 것에 해당한다면 우뇌 반구는 언어의 획득에 해당한다.

좌뇌 차원에서 보면, 우뇌의 뉴런 네트워크는 연습으로부터 효과를 얻는다. 당신이 새로운 것을 더 많이 배우면 배울수록, 당신은 학습을 더 잘하게 될 것이다. 왕성하게 새로운 것에 참여하면, 도전하는 활동들은 신경적응성과 같은 당신의 능력을 이용한다.

즉 새로운 것들을 재조직화하고 그 성과를 향상시키는 당신의 뇌 능력이나 노령의 성인에 대한 연구는 대개 이러한 방식으로 살고 있는 사람들이 더욱더 복잡한 뉴런 네트워크를 보유하고 있음을 보여주었다.

수준 높은 삶을 살아가고 있는 사람들은 지속적으로 새롭고 예상치 못한 경험에 개방적인 태도를 보여 준다. 아브라함 골드스타인은 인지적 접합성의 양생법을 따랐다.

맨해튼에서 변호사로서, 바르크 대학의 교수로 인생을 살고 있는 골드스타인은 지속적으로 법과대학생을 가르치고 있으며 103세까지 육체적으로나 정신적으로 정력적인 인생을 꾸려 나갔다.

지속적인 학습은 또 다른 중요한 혜택과 장점을 제공해 준다.

연구조사는 골드스타인이 더욱더 알츠하이머와 다른 유형의 치매증에 대한 저항력을 갖고 있다는 것을 보여 준다. 은퇴한 교수이자 8가지의 예상 이동 경로를 생각할 수 있는 탁월한 체스선수였던 리처드 웨더릴의 경우를 살펴보자.

그는 2001년 초에 자신의 체스 능력이 감퇴되고 있다는 것을 목격했다. 그는 겨우 5가지의 예상 이동 수를 볼 수 있었다.

이것이 무언가 잘못되었다는 신호라고 확신한 그는 신경학자에게 상담을 받았다. 그는 일반적인 진단테스트를 받았으며, 모든 검사를 통과했다.

그의 뇌 촬영사진은 정상적이었다.

그는 2년 후에 사망했으며 검시가 이루어졌다.

뇌 병리현상에 대한 사후 부검은 그가 진행단계의 알츠하이머로부터 고통을 받고 있었다는 것을 보여 주었는데, 이 병은 모든 개인으로 하여금 인지적으로 작동이 안 되게 하는 병이었다.

웨더릴의 경우는 왕성한 지적 활동의 도움으로 지적으로 건강한 사람들이 얼마나 그 당시 나이까지 도달할 때까지 정신적 감퇴로부터 보호될 수 있는가를 입증해 주었다.

신비로움과 혁신에 수용성이 높은 사람들은 또한 위기 때에도 훌륭하게 대처하는 경향이 있는데, 그 이유는 그들이 절박한 상황에서 조차도 그것을 기회로 보도록 개방되어 있기 때문이다.

Apollo 13호선의 암울했던 순간에 대한 제니 크란츠의 대응은 이러한 점에서 적절한 사례이다.

"나는 이것이 우리의 가장 예민한 시간일 것이라 믿습니다."

그는 NASA의 관습과 정책, 관행에 대해서 오랫동안 도전했던 삶의 궤적을 지니고 있었다. 그는 전통적인 SILO와 조직의 경계를 벗어나서 인재들을 규합해서 특별팀을 조직했다.

그는 또한 전문지식과 관계를 구축하기 위해서, 그의 복잡한 사무실에 외부의 협력회사사무실 공간을 제공했다. 결국 그는 마이클 유심의 서적『리더십의 순간(The Leadership Moment)』에서 효과적이고 창의적인 리더십의 귀감으로 특징지어졌다.

신경조직의 이미지화 없이 이것을 검증할 방법은 없지만 우리는 크란츠 뇌의 우뇌 반구에 아주 고도로 연결된 뉴런 통로의 네트워크를 지니고 있을 것이라고 생각한다. 그의 의식구조와 경험은 지적 체력에 중요한 일종의 우뇌 반구 개발로 이끌었다.

더욱 일반적으로 우리가 이야기하고자 하는 것은 불교 수도승들이 '초심'이라고 말하는 열린 마음을 갖는 것으로-새롭게 출발하고 새로운 선택을 배양하기 위해서 기존의 관습과 이전의 지식으로부터 벗어나려는 의지-이는 일반적으로 우뇌 반구의 인식을 활성화하려는 도전이다.

만약 당신이 실제로 혁신적인 선택을 창조하는 것을 심각하게 생각한다면 불교의 사상으로 돌아가는 것보다 더 훌륭하게 이것을 해낼 수는 없을 것이다.

S. 스즈키의 저서『선심, 초심자의 마음(Zen Mind, Beginner's Mind)』에서 그는 선심(Zen mind)을 열린 것으로 의심과 가능성을 허용하는 것으로, 그리고 새롭고 신선한 것으로 사물을 보는 능력을 가지고 있는 것으로 표현하고 있다.

그가 진술했듯이, "초심에는 많은 가능성이 존재하지만, 전문가의 마음에는 극히 드물다." 지적 체력은 당신의 삶 모든 부분에 영향을 미친다.

조직 차원에서는, 그것은 경쟁우위를 지속 가능하게 유지시켜 주는 궁극적인 lever일 것이다.

당신이 리더로서의 가지는 중요한 과업은 사람들이 자신의 두뇌의 잠재력을 극대화할 수 있는 환경을 조성해서 조직성과의 최고 수준을 증진시키는 일이다. 네 단계를 통한 생각을 당신의 회사가 처해 있는 전략적 도전에 어떻게 적용할 수 있는가를 결정하는 것이 시작하는 가장 좋은 길이다.

모든 기업의 운영방식과 정책결정의 결합은 서로 다르다.

따라서 자동차 산업의 거대 자동차 회사에 의해서 요구되는 인지적 프로파일은 아마도 생명공학 창업기업의 그것과는 사뭇 다를 것이다.

전자는(자동차 기업) 좌뇌의 활동(예를 들면, 수요에 있어서 숨겨져 있는 패턴을 찾는 것)을 강조할 것이고, 반면에 후자(생명공학 창업기업)는 주로 우뇌의 활동(예를 들면, 실패한 일련의 연구개발 프로젝트를 극복하는 것)을 요청할 것이다.

당신의 조직에 가장 최고의 방식이 무엇이든 간에 사람들을 격려하고 고무시켜서 자신의 두뇌를 적극 사용하노록 하는 뇌-긍정적인 문화는 올바르고 헌신적인 리더십과 함께할 때에만 실현될 수 있다.

미래는 자신과 조직을 위한 지적 체력을 개발하는 리더를 지닌 회사의 것이다. CEO는 회사의 전략을 구동시키고, 집단적으로 의사결정을 만들고 일하는 사람들에게 인지적인 코치가 될 필요가 있다.

● 두뇌운동하기: 개인적 프로그램

뇌는 상호작용 시스템이기 때문에 뇌의 한 부분을 자극하는 어떠한 활동도 쉽게 다른 부분을 자극한다. 그러므로 우리의 지적 체력 항목들은 근사성(접근성)으로 이해될 필요가 있다. 이것은 특히 반구적으로 활동에 집중되어 있는 경우이다.

비록 어떤 자극이 최초에 우뇌 반구에 더 큰 활동을 조성한다고 하더라도, 양쪽 반구는 궁극적으로 새로운 도전을 숙달하는 과정에 관여될 것이다.

인지력 향상의 복잡하게 얽힌 일에 대해서 배울 것이 무궁무진하지만, 우리는 다음 아래의 연습과 활동이 훌륭한 선택이라고 믿고 있다.

가) 배회에 의한 관리

임원 만찬 식당을 벗어나서 회사의 식당이나 제조공장의 현장, 혹은 쌓여 있는 창고를 방문해 보자. 이것은 낯선 영역에 당신을 밀어 넣을 수 있는 것으로 당신의 관점을 넓히는 데 좋은 것이다.

더욱이 배회하고 이동하는 바로 그 행위가 당신의 뇌를 고무시킨다.

그것이 당신이 해결해야 하는 곤란한 문제에 빠져 있을 때, 당신의 환경을 일깨우고 변화시키는 것이 "아하(AHA)"의 순간으로 이끌 수 있는 이유이다.

나) 책 읽기

유머는 통찰력을 증진시키고 우리의 건강을 향상시킨다.

심지어 면역 시스템도 훌륭한 농담을 좋아하는 것처럼 보인다.

유머의 이용에 의해서 혹은 유머가 제공하는 관점과 견해에 의해서 면역력이 강화된다.

다) 게임

브릿지와 체스, 스도쿠(Sudoku), 그리고 뉴욕 타임즈(New York Times)의 낱말 맞히기와 같은 행위들이 훌륭한 뉴런(신경세포) 작동을 제공한다.

역시 폭발적인 인기를 끌고 있는 역할 경기 게임이 더 많은 온라인상에 존재한다. 당신의 좌뇌에 도전하는 새로운 게임들을 시도해 본다.

라) 행동으로 나타내기

잘하면 놀이는 새롭게 발견되는 활동이다. 그리고 당신이 즉석에서 하기를 통해서 발견하는 것은 당신의 내적 연기자로 이것은 많은 역할을 시도할 수 있다.

이러한 Play가 당신의 행동의 레퍼토리를 확대하는 것을 보고 놀랄 것이다.

당신의 뇌는 당신의 개성과 리더십 역량을 향상시키는 무한한 잠재력을 지닌 저장고이다. 당신은 심지어 회의에서 실험할 수도 있다.

예를 들어 지적 체력을 증가시키기 위해서 동료들과 다른 방식으로 상호 작용을 시도해 본다.

마) 아직 배우지 않은 것은?

만약 당신이 모든 임원들을 좋아한다면 당신은 당신의 직업과 개인적인 생활에서 매일 유사한 질문들을 하게 될 것이다.

당신 스스로에게 귀를 기울이고 당신이 찾지 않고 있는 것을 찾아본다.

전도양양한 젊은 부하 직원에게 그가 생각하는 것에 대해 물어보는 것이 훌륭한 출발지점이다.

혹은 당신의 도서 목록을 다양하게 한다.

만약 당신이 정상적으로 당신 자신을 역사와 전기, 소설 등에 던져놓는다면, 문자 그대로 소설을 읽어 보라.

만약 그것이 거의 대부분 추리소설이라면, 과학소설을 시도해 본다.

바) 출장에서 얻는 것

여행은 당신의 뇌에 충격을 주는 탁월한 기회를 제공한다.

지나치게 한 곳에 시간을 집중해서 투자할 필요는 없다.

전시관을 방문하고(미술관), 당신이 방문할 도시에서 소설을 읽고, 두 시간 정도 도시 주변을 산책하는 데 투자한다.

이러한 행동들이 당신의 문화지능을 증가시켜 줄 뿐만 아니라 한편으로는 인지 훈련에 좋은 행태이기도 하다.

사) 메모하고 활용하기

이 지구상에서 가장 위대한 창업가 중의 한 명인 리처드 브랜슨(버진그룹회장, Richard Branson)은 어디를 가든지 백지로 된 빈 책들을 가지고 간다. 그가 새롭고 흥미로운 것을 보거나 들을 때마다 메모한다.

그는 이러한 아이디어의 많은 부분이 새로운 사업이 되었다고 말한다.

아) 새로운 기술 배우기

새로운 터치스크린을 가지고 놀고 유튜브에서 얼빠진 동영상을 iGadget(아이팟 백업 프로그램)에 다운로드받아서 메가 TV에서 보는 것이 당신의 변연계 시스템과 전두엽 피질에 연결되어 있는 당신의 청각과 시각, 그리고 촉각 네트워크와 연결되어 있는 무수한 뇌의 채널을 활성화시킨다.

동영상을 당신의 친구에게 말하고 당신의 감정 에너지를 공유하는 것이 뇌 전역의 활동을 확산시킬 것이다.

자) 언어 혹은 악기 배우기

새로운 언어를 공부하는 것은 정신을 최정점의 활동성으로 밀어 넣는다. 악기를 배우거나 혹은 작은 방에서 실제적으로 오랜 클라리넷을 연주하는 것이 당신의 뇌의 부양을 제공한다. 레슨을 받아라.

차) 끊임없는 운동

당신의 뇌는 고립된 세포가 아니다.

심장 혈관계 운동이나 훌륭한 식이요법, 그리고 적당한 숙면 습관으로부터 혜택을 보는 시스템의 일부이다.

진행 중인 알츠하이머 질병에 대하여 가장 오랫동안 규명된 방어 수단은 훌륭한 운동처방 바로 그것이다.

엔도르핀이나 코티솔(부신피질에서 생기는 스테로이드 호르몬의 일종)의 증가와 같은 매우 구체적인 생화학적 변화는 심장 혈관계와 근력 강화 훈련의 결과이다. 그러한 효과와 혜택은 문자 그대로 당신의 혈관을 거쳐서 흘러 당신의 근육과 관절, 뼈, 그리고 물론 뇌에 도달한다.

A boss creates fear, a leader confidence.

A boss fixes blame, a leader corrects mistakes.

A boss knows all, a leader asks questions.

A boss makes work drudgery, a leader makes it

interesting.

A boss is interested in himself or herself,

a leader is interested in the group.

Russel H. Ewing

Make a short list of things done to you that you

abhorred.

Don' t do them to others. Ever!

Make another list of other things done to you that you

loved.

Do them to others. Always!

Dee Hock

It seems to me there's a natural force which goes into

play to help you when you're doing something for a

higher purpose.

If you're doing something that serves yourself only,

you won't get the same help, satisfaction, or rewards.

But if you can find something to do that serves mankind,

you'll have the wind at your back.

Sheryl Leach

Action seems to follow feeling, but really action and

feeling go together; and by regulating the action, which

is under the more direct control of the will, we can

indirectly regulate the feeling, which is not. Thus the

sovereign voluntary path to cheerfulness, if our

cheerfulness be lost, is to sit up cheerfully and to act

and speak as if cheerfulness were already there.

제3강

발성 훈련

발성 훈련

1. 발성 부호 연습

어-엘

애-림-포

엘-박-파

로-얄

사라-톨

막-파

수네이-파-젤

프렌----마----네----푸-------

2. 단발음 연습

싸	패	쏭	
썬	쭉	헉	
훅	땅	떺	
유 –	훅 –	혈	
열 –	력 –	랙	
탑 –	땁 –	퍽	
를	을	릴	얄
물	불	쫄	풀
싸	**패**	**쏭**	
썬	**쭉**	**헉**	
훅	**땅**	떺	
유 –	**훅** –	**혈**	
열 –	**력** –	**랙**	
탑 –	**땁** –	**퍽**	
를	**을**	**릴**	**얄**
물	**불**	**쫄**	**풀**

3. 쌍발음 연습

산 들 산 들

살 랑 살 랑

방 긋 방 긋

토 닥 토 닥

우 렁 우 렁

쭈 룩 쭈 룩

시 끌 시 끌

와 글 와 글

4. 같은 발음 연습

사람이 사람이라고 다 사람인 줄 아는가

사람이 사람 구실을 해야 사람이지

한영양복점 옆 한양양장점 한양양장점 옆 한영양복점

뜰에 콩깍지는 깐 콩깍지인가 안 깐 콩깍지인가

깐 콩깍지이면 어떻고 안 깐 콩깍지이면 어떤가

깐 콩깍지나 안 깐 콩깍지나 콩깍지는 콩깍지인데

5. 어려운 발음훈련*

〈요령 1〉 입을 크게, 혀를 분명히, 자신감 있게, 한 단어 한 단어 또박또박 훈련을 통하여 좋은 발음 습관을 만들기

저는 발음이 좋습니다. 그래서 왕발음입니다.

확실하게 보여 드리겠습니다. 정확하게 보여 드리겠습니다.

가 나 다 라 마 바 사 아 자 차 카 타 파 하

하 파 타 카 차 자 아 사 바 마 라 다 나 가

뼈 뺀 깐 풍 기 세 트　깐 풍 깐 소 새 우　류 산 슬

샥 스 핀　난 자 완 스　라 볶 이

10 저 콩깍지는 깐 콩까지인가, 안 깐 콩깍지인가.

50 저 말뚝은 말 맬 만한 말뚝인가, 말 못 맬 만한 말뚝인가,

100 간장공장 공장장은 강 공장장이고,
　　된장공장 공장장은 공 공장장이다.

10 이분은 백 법학박사이고, 저분은 박 법학박사이다.

---

* 김성열 화술교재에서 발췌 및 수정.

50 멍멍이네 꿀꿀이는 멍멍해도 꿀꿀하고
  꿀꿀이네 멍멍이는 꿀꿀해도 멍멍한다.

100 저기 가는 상장수는 새 상장수냐 헌 상장수냐.
  저 깡통은 깐 깡통인가 안 깐 깡통인가.

10 춘천 공작 창 창장은 편 창장이고 평촌 공작 창 창장은 황 창장
  이다.

50 검찰청 철창살은 외 철창살이고 경찰청 철창살은 쌍철 창살이다.

10 옆집 편 씨네 콩죽은 검은 콩 콩죽이고 뒷집 팽씨네 팥죽은 붉은
  팥 팥죽이다.

50 발음 좋은 창조회 회원은 홍승표 이사님이십니까? 아니면 이종
  훈 이사님이십니까?

100 그것이 궁금하다고 발음 좋은 ○○○는 정확한 발음으로 외칩
  니다.

〈요령 2〉 한 번은 입에 젓가락을 물고 또 한 번은 자연 그대로 반복
하다 보면 상대적으로 발음의 변화를 느낄 수 있어 혀의 움직임이
좋아지고 정확한 발음을 하는 데 도움이 된다.

6. 단어 높낮이 연습

① 높은 산으로 **뛰어** 올라갔습니다.

② 깊은 물속에 몸을 **던졌습니다.**

③ **큰 사람과** 작은 사람이 **나란히** 서 있습니다.

④ **육체는** 땅에 묻혔어도 **정신은** 영원히 살 것입니다.

⑤ **할 수 있다고** 생각하면 당신도 **할 수 있습니다.**

⑥ 넓은 들에 오곡백과가 **무르익었구나!**

⑦ 맨주먹으로 **권총** 든 강도를 **때려잡았습니다.**

⑧ 이 살이 **뛰고** 피가 **끓는** 민족의 울분을 **어찌하겠습니까.**

⑨ 가슴속으로 파고드는 **봄바람에** 다홍치마가 펄럭펄럭 **날립니다.**

7. 문장 속에서 높낮이 훈련*

저 ○○○는 **창조회** 포럼에 **화끈하게** 가입했습니다.

아무리 생각해 봐도 **현명한** 판단**이었습니다.**

모든 회원들이 **잘** 되기를 **간절히** 바랄 뿐입니다.

표현의 기술은 **성공의** 원동력입니다.

준비하는 사람에게는 반드시 **영광의** 날이 올 것입니다.

자신감과 실천력은 **성공** 제일의 **비결입니다.**

심장이 뛰고 다리가 후들거리는 **이** 고통을 **어찌**하겠습니까?

불완전한 과정을 **빨리** 거치는 자만이 **최고의** 지도자가 **될 수** 있다는 것이 **이 연사의** 강력한 **주장입니다.**

이것은 고칠 수 있다는 것이 **나의 힘찬** 주장입니다.

우리는 **부정적인 정신과** 의심하는 마음을 **규탄합니다.**

용기를 내어라! 회원들이여

실천하여라! 회원들이여

---

* 김성열 화술교재에서 발췌 및 수정.

8. 변칙 발성연습

〈요령〉 다양하게 소리의 높낮이의 변화를 주어 보다 효과적으로 표현하기 위한 방법입니다.

감격스럽고 행복합니다!

10 아직도 살아 있다는 것만으로도 행복을 느껴 보십시오.

60 또한 대한민국에 살고 있다는 것도 행운이라고 생각합니다.

90 그리고 문명의 이기를 마음껏 누려 보십시오.
　　얼마나 좋은 세상입니다.

40 대우주는 너무 신비합니다. 공전·자전하는 지구와 꺼지지 않는
　　태양을 보십시오. 얼마나 멋집니까? 감격스러운 일입니다.

70 환상적인 21세기에 살고 있는 우리들은 복 터진 사람들입니다.

80 그리고 우리에게는 무한한 가능성이 존재하고 있습니다. 가능성
　　도 확실한 재산이라고 했습니다.

20 또한 새로운 것을 창조하고 발전해가는 저의 모습과 여러분의 모
　　습을 보면 너무 행복합니다.

30 그리고 한순간도 멈추지 않고 뛰고 있는 심장을 보십시오. 얼마
　　나 신기한 일입니까?

50 또한 창조회와 끈끈한 인연을 가지고 있다는 것이 얼마나 좋은 행

운입니까?

100 그리고 저는 전문기술과 좋은 직업을 가지는 것이 행복의 조건
이라고 강력히 주장합니다.

아! 행복! 행복! 행복해요!

행복한 웃음을 웃어 보겠습니다.

큰 소리로! 통쾌하게! 시원하게!

으하하하하   으하하하하   으하하하하

아! 시원하다! 통쾌하다! 가슴이 후련하다!

그리고 자신감이 생긴다!

랩과 춤을 추어 보자

잘 왔어! 너무너무 잘한 거야! 희망이 보여! 미래가 보여!

문제없어~ 할 수 있어~ 자신 있어! 창조회는 좋은 곳이야!

오 ~ 예!

9. 난센스 유머 3 단계 발성법*

10 바닷물이 파란 이유는 바닷물이 바위에 부딪쳐 멍이 들어서이며

50 여자 엉덩이가 큰 이유는 요강에 빠질까 봐서이며

100 탁발승이 시주 다니는 것을 세 자로 줄이면 영업 중이며

10 예쁜 여자가 비싼 화장을 하는 것을 경제용어 두자로 줄이면 낭비이며

50 코끼리와 고래를 교배시켜 생긴 말은 거짓말이며

100 못생긴 여자가 대낮에 옥상에 올라가는 이유는 호박말리기 위해서이며

10 현대여성이 잘 지키는 절개는 제왕절개이며

50 경마장 가는 길을 네 자로 줄이면 말마당 길이며

100 가장 어렵게 지은 절을 두 자로 줄이면 기절이며

10 구두쇠 3등은 수면제 사놓고 아까워 그냥 자는 사람이며

50 구두쇠 2등은 200자 원고지에 200자를 쓰는 사람이며

100 구두쇠 1등은 대변 보고 물이 아까워 소변으로 내리는 사람이라고 유머를 좋아하는 이 연사 ○○○는 강력히 주장합니다.

---

* 전게서

10. 10단계 발성법

10도의 음성은 10m까지 들리는 속삭이는 음성이며 한 달 훈련하면 한 단계 발전하고요.

20도의 음성은 20m까지 들리는 대화를 나누는 음성이며 두 달 훈련해 보세요. 두고두고 좋아져요.

30도의 음성은 30m까지 들리는 신나게 대화하는 음성이며 세 달만 훈련해 보세요. 세상이 새롭게 보인다구요.

40도의 음성은 40m까지 들리는 소수가 좌담하는 음성이며 네 달 훈련해 보세요. 네모진 마음이 둥글둥글한 마음이 돼요.

50도의 음성은 50m까지 들리는 연설의 보통 음성이며 다섯 달 훈련해 보세요. 다른 사람이 부러워서 침을 흘려요.

60도의 음성은 60m까지 들리는 대중연설의 보통 음성이며 여섯 달 훈련해 보세요. 여기저기서 초청을 한다니까요.

70도의 음성은 70m까지 들리는 정치연설의 높은 음성이며 일곱 달 훈련해 보세요. 일생동안 행복해진다니까요.

80도의 음성은 80m까지 들리는 육성연설의 매우 높은 음성이며 여덟 달 훈련해 보세요. 여생이 행복해지니 얼마나 좋아요.

90도의 음성은 90m까지 들리는 선동연설의 최고의 음성이며 아홉 달 훈련해 보세요. 아우성치며 좋아한다니까요.

100도의 음성은 100m 이상 들리는 인간이 젖 먹던 힘까지 내야 나

올 수 있는 최고의 음성이며 열 달 훈련하면 열광적인 환영을 받는 최고의 지도자 인생을 살 수 있다고 이 연사 ○○○는 강력히 주장합니다.

11. 발성의 10단계

10의 음성은 속삭이는 음성이며

20의 음성은 대화를 나누는 작은 음성이며

30의 음성은 대화를 나누는 조금 큰 음성이며

40의 음성은 좌담하는 작은 음성이며

50의 음성은 회의나 토론하는 중간 음성이며

60의 음성은 설교, 강연하는 보통 음성이며

70의 음성은 연설, 강연하는 높은 음성이며

80의 음성은 연설, 설교하는 매우 높은 음성이며

90의 음성은 웅변이나 연설하는 최고의 음성이며

100의 음성은 인간이 낼 수 있는 최고의 음성이라고 이 연사 ○○○
는 강력히 주장합니다.

12. 충격 발성법(2단계 발성법)

〈요령〉 급격한 변화를 통하여 강한 자극을 주는 방식이다.

첫 번째는 작은 소리로 말하세요.

(운명 때문에 안 된다는 말을 하지 마세요.)

두 번째는 큰 소리로 말하세요.

(능력이 없어서 안 된다는 말은 하지 마세요.)

세 번째는 조용하게 속삭이세요.

(과거 때문에 안 된다는 말은 하지 마세요.)

네 번째는 우렁차게 외치세요.

(나이 때문에 안 된다는 말은 하지 마세요.)

다섯 번째는 다정하게 속삭이세요.

(누구 때문에 안 된다는 말은 하지 마세요!)

여섯 번째는 강하게 떠들어 보세요.

(시간이 없어서 안 된다는 말은 하지 마세요.)

일곱 번째는 부드럽게 대화하세요.

(불경기 때문에 안 된다는 말은 하지 마세요.)

여덟 번째는 힘차게 부르짖어 보세요.

(학벌 때문에 안 된다는 말은 하지 마세요.)

아홉 번째는 소곤소곤 이야기하세요.

(성격이나 체질 때문에 안 된다고 말하지 마세요.)

열 번째는 있는 힘을 다하여 열변을 토하세요.

(남자이기 때문에 여자이기 때문에 안 된다는 말을 하지 마세요.)

13. 발표를 잘하기 위한 10가지

20 자신감 있게 힘 있는 소리로 말한다.

90 발표할 기회를 자주 갖는다.

50 대화나 모임에 적극 참여한다.

20 사회나 지도자적인 역할을 많이 갖는다.

70 책을 많이 읽고 노트에 정리하여 사용한다.

10 항상 글을 쓰고 자신의 생각을 정리한다.

80 대화를 즐기며 남에게 좋은 말을 한다.

30 용기와 배짱을 기른다.

60 남의 비판이나 충고를 받아들여야 한다.

100 전문적인 교육을 철저히 받는 일에 열중해야 한다고 이 연사 ○
○○는 힘차게, 힘차게 주장합니다.

14. NQ를 높이는 18계명*

10 지금 힘없는 사람이라고 우습게 보지 마라.

80 평소에 잘하라.

50 네 밥값은 네가 내고, 남의 밥값도 네가 내라.

70 고마우면 고맙다고 말하라.

40 남을 도와줄 때는 화끈하게 도와줘라.

20 남의 험담을 하지 마라.

30 불필요한 논쟁을 하지 마라.

60 남의 기획을 비판하지 마라.

90 가능한 한 옷을 잘 입어라.

50 회사 바깥의 사람들도 많이 사귀어라.

30 회사 돈이라고 함부로 쓰지 마라.

10 조의금은 많이 내라.

70 수입의 1% 이상은 기부하라.

80 수위 아저씨, 청소부 아줌마에게 잘해라.

90 옛 친구들을 챙겨라.

30 혼자서 조용히 생각하는 시간을 가져라.

---

* 동국대학교 김무곤 교수.

50 지금 이 순간을 즐겨라.

80 아내나 남편을 사랑하라.

스피치 소스 3*

● 어떻게 나를 뛰어넘어 최고가 될 수 있나

"오직 당신 자신과 경쟁하고 혹독한 피드백을 요구하고 당신 자신을 축하해 주는 것을 잊지 말아라."라고 스포츠 심리학자들과 전문코치들은 말한다. 1954년까지 대부분의 사람들은 인간이 4분 이내에 1마일을 달리는 것은 불가능하다고 생각했으나, 영국의 로저 배니스터는 그들이 틀렸다는 것을 증명했다.

"의사와 과학자들은 4분의 벽을 깨는 것은 불가능하며 그렇게 할 경우 사망하게 될 것이라고 말했습니다. 그래서 내가 결승선에서 쓰러졌다가 일어났을 때 내가 죽은 줄 알았습니다." 후에 배니스터는 이렇게 말했다. 스포츠나 비즈니스에서 '불가능'을 가능하게 막는 것은 스스로의 한계를 정하는 태도이다.

스포츠 심리학자인 나는 조정, 수영, 스쿼시, 육상, 요트, 트램펄린, 유도 등의 올림픽 및 세계선수권대회 우승자들의 컨설턴트로 대부분

---

* 『How the best of the best get better and better』, Graham jones, June 2008, HBR을 번역 후 수정 및 정리.

의 경력을 보냈다. 1995년 나는 올림픽 금메달리스트인 수영선수 에이드리언 무어하우스와 함께 '레인4'라는 회사를 만들었다.

이 회사는 그레스 설, 앨리슨 모브레이, 톰 머리 등 세계적인 운동선수들의 도움을 받아 포춘지 500대 기업 및 FTSE100 기업들에게 최고의 운동선수들로부터 배울 수 있는 교훈을 제공해 왔다.

물론 스포츠는 비즈니스가 아니다. 그러나 이 두 세계는 놀랄 만큼 공통점이 있다. 이 두 세계에서 최고의 실력을 발휘하는 사람들은 태어나는 것이 아니라 만들어진다. 스포츠 스타들은 조정능력, 유연성, 해부학적 구조 등 타고난 장점을 지니고 있는 것과 같이 성공적인 경영자는 전략적으로 생각하고 사람들과 관계를 맺을 줄 안다.

그러나 스포츠와 비즈니스에서 성공을 가져오는 진짜 열쇠는 빠르게 수영하고 빠르게 계량적인 분석을 하는 두뇌가 아니라 정신적인 강함이다.

엘리트들은 압박을 받고 있을 때 자신의 실력을 더 잘 발휘한다.

그들이 최고의 자리에 오를 수 있었던 것은 수많은 작은 목표들을 설정하고 치밀하게 달성 과정을 계획한 결과이다. 엘리트들은 경쟁을 그들의 기술을 향상하는 기회로 삼으며, 남들보다 앞서 나갈 수 있도록 자신을 개발한다.

마지막으로 크게 이기고 있을 때마다 최고 실력자들은 승리를 축하할 시간을 갖는다. 지금부터 어떻게 최고경영진의 자리로까지 이어지는지 보자.

● 압박을 사랑하라

만약 당신이 높은 스트레스를 받는 상황을 잘 이겨 내지 못한다면 당신은 최고 자리에 머무를 수 없을 것이다. 실로 압박이 심한 상황에서 냉정을 유지하는 능력은 최고 실력자가 갖춰야 할 덕목 중 가장 중요한 것이며, 흔히 타고난다고 생각하는 항목이다. 그러나 사실 당신이 압박을 사랑하는 방법은 자신이 가능하다고 생각한 그 이상의 성과를 내도록 스스로를 독려하는 사이에 배울 수 있다.

그렇게 하기 위해서는 먼저 스스로 열정적으로 자기 향상을 하겠다는 선택을 해야만 한다. 조정으로 올림픽 금메달을 딴 '그레그 설'은 그가 이룬 성취가 그만 한 대가를 치를 만한 가치가 있느냐는 질문을 종종 받는다. 그는 항상 같은 대답을 한다.

"나는 결코 어떤 희생도 한 적이 없습니다. 나는 스스로 선택했을 뿐입니다."

당신이 스스로 능력발휘에 포커스를 맞출 수 있다면 당신은 압박을 쉽게 다룰 수 있을 것이다. 정상급 운동선수들은 남의 승리나 실패에 신경 쓰지 않는다. 그들은 스스로 조절할 수 있는 것에만 집중한다. 그리고 나머지는 잊는다.

그들은 경쟁 이외의 일에는 거의 신경 쓰지 않는다.

세계적인 골프선수인 대런 클라크는 2006년에 사랑하는 아내가 세상을 뜬 지 6주 만에 유럽팀이 라이더컵 대회에서 우승하는 데 공헌했다.

최고 실력자들은 공과 사를 구분한다.

만약 당신이 비즈니스에서 높이 나는 사람이 되고자 한다면 당신은 내적으로 집중하고 스스로 감독할 줄 알아야 한다.

예를 들어 잭이라는 경영자가 있다. 그는 어릴 때 레슬링에 열정이 있었다.

그리고 순위가 높은 레슬링팀이 있는 대학에 가기 위해 하버드 진학을 포기했다. 이후 MBA를 마친 잭은 유명한 투자은행에 입사해 이사 자리에 올랐다. 그때까지 그는 남에게 인상을 남기기 위해 행동한 적이 없었다.

"단 1분이라도 직위를 위해 일을 한다고 생각하지 말아야 합니다."

그는 이전에 다음과 같이 말하기도 했다.

"나는 나 자신을 위해 이 일을 한다. 1페니밖에 벌지 못한다고 해도 나는 이 일을 했을 것이다. 나는 샤워를 하면서 이런 생각을 한다."

잭이나 대런 클라크처럼 의욕적인 사람들은 자책에 빠지지 않는다. 물론 그들이 스스로에게 엄격하지 않다는 말은 아니다.

그들이 스스로 엄격하지 않으면 지금의 위치에 도달할 수 없었을 것이다. 그러나 일이 잘못되었을 때 비즈니스와 스포츠의 슈퍼스타들은 자책하기보다는 털고 일어나 앞으로 나아간다.

최고 실력자들이 압박을 즐기는 데 도움을 주는 또 하나의 요소는 몰입과 휴식을 자유자재로 할 수 있는 그들의 능력이다.

이를 위한 좋은 방법이 있다면 인생에서 자신의 일 이외에 열정을 쏟을 만한 취미를 가지는 것이다.

조정선수인 앨리슨 모브레이는 빠듯한 훈련 스케줄 속에서도 언제나 피아노를 연습할 시간을 남겨 둔다. 그녀는 2004년 올림픽에서 은메달을 획득했을 뿐 아니라 그 과정에서 수준급의 피아노 연주 실력도 가질 수 있었다.

최고 경영자들에게 아드레날린이 솟구치게 하는 업무 중독성은 매우 강해서 멈추기가 어렵다. 그러나 최고의 운동선수들이 그렇듯 하루쯤 휴식 시간으로 남겨 두는 여유를 갖지 못한다면 완전히 탈진할 것이다.

실제로 많은 뛰어난 경영자들이 취미생활에 열정적이다. 버진 그룹의 리처드 브랜슨 회장은 열기구 여행을 즐긴다.

카드놀이나 오페라 관람 등은 기분을 전환하고 재충전하는 데 엄청난 도움을 준다.

● 장기목표에 집중하라

스포츠 스타들이 패배를 극복하고 다시 일어서는 능력의 상당 부분은 장기적인 목표와 열망에 집중하는 데서 나온다.

동시에 스타와 이들의 코치들은 수많은 작은 성과들이 장기적인 성공으로 가는 길의 초석이 된다는 것을 잘 알고 있다.

중요한 것은 단기목표를 치밀하게 계획해 비중이 작은 대회가 아니라 비중이 큰 대회에 출전했을 때 최고 기량을 발휘할 수 있도록 맞추는 것이다. 올림픽에 출전하는 선수들은 4년이란 주기에 맞춘 훈련과 준비를 실시한다.

이들은 또한 매년 세계 선수권 대회에 참가한다. 따라서 복잡하게 얽힌 대회 일정에서 오는 긴장을 관리하려면 매우 치밀한 대처가 필요하다.

1988년 서울올림픽에서 아드리안 무어하우스가 금메달을 획득할 수 있었던 것은 이러한 전략이 성공을 거둔 결과이다.

그의 장기 목표는 100미터 평영 종목에서 62초 이내의 기록을 세우는 것이었다. 무어하우스와 그의 코치는 4년 후에 이 기록이면 금메달 획득이 가능할 것이라고 미리 계산했다.

그는 올림픽 이전에 치러지는 경기에서도 승리해야 한다고 생각했지만 모든 훈련과 연습은 1988년 서울올림픽에서 62초 또는 이보다 빠른 기록을 수립하는 것에 맞춰져 있었다.

무어하우스는 근력훈련, 영양, 정신력, 기술 등 모든 측면에서 그의 기량에 영향을 줄 수 있는 단기목표를 설정함으로써 최종적인 목표를 성취할 수 있도록 만전을 기했다.

성공적인 경영자 역시 장기적인 목표를 향한 경로를 세심하게 계획한다. 나는 저예산 항공사에서 IT 관리자로 일하는 데보라라는 여성에게 컨설팅을 제공한 적이 있다.

그녀의 장기적인 목표는 3년 안에 고위 관리자가 되는 것이었다.

이 목표를 위해 저자는 그녀와 함께 그녀가 뛰어난 역량을 발휘해야 하는 몇몇 성과 분야를 파악했다.

여기에는 회사 내 타 부문의 관리자들로부터 신임을 얻고, 회사 내에서 데보라의 명망과 영향력을 높이며, 복잡한 프로젝트를 처리하는 것 등이 속했다.

우리는 전사 테스크포스팀에 참여하거나 국제 프로젝트를 주도하는 등 각 성과 분야에서 역량을 발휘하는 데 토대가 될 단기목표들을 파악했다. 이 단기목표들을 성취하는지 면밀하게 점검할 수 있는 시스템도 구축했다. 이러한 전략은 큰 성과를 거뒀다. 목표한 3년을 몇 개월 앞두고 그녀는 매출 1,200만 달러의 기내 비즈니스 영업부문 수장으로 뽑혔다.

● 경쟁을 이용하라

육상 종목에서는 서로 다른 국가 출신의 두 선수가 함께 훈련을 받는 경우를 흔히 볼 수 있다. 나는 영국 육상팀의 1996년 애틀랜타 올림픽 예비 훈련 캠프에서 일한 적이 있다.

이 캠프에서는 100미터 육상 선수이자 당시 올림픽 챔피언인 린포드 크리스티가 객원 선수와 함께 훈련을 받고 있었다. 크리스티의 훈련 파트너는 올림픽에서 그와 경쟁을 벌인 끝에 은메달을 획득한 나미비아 출신의 프랑키 프레데릭스였다.

조정 세계 챔피언 톰 머리는 최고의 선수와 경쟁함으로써 더 높은 성과를 거둘 수 있었던 경험을 나에게 들려주었다. 머리는 1996년 미국올림픽 조정팀에 합류할 14인으로 선발되기 위해 합동 훈련을 받는 40명의 선수 중 한 명이었다.

국가대표팀 최종 선발은 애틀랜타 올림픽이 시작되기 2개월 전에 실시될 예정이었다. 이 40명의 선수가 거의 4년 동안 함께 훈련해야 했다는 의미이다.

머리가 회고하는 바와 같이 대표팀 선발을 앞둔 마지막 주에 실시된 최종 평가에는 조정 기계 위에서 진행되는 2,000미터 테스트도 있었다.

이 테스트에서 15명의 선수가 개인 최고시간을 기록했다. 이 가운데 2명은 미국 최고기록보다 빠른 시간을 달성했다. 이로써 선수 전체의 기준점이 즉각적으로 높아졌다.

머리는 자신이 기대한 것보다 빠른 시간을 기록해야 한다는 사실을 깨달았다. 결국 그는 기존의 개인 최고기록보다 3초나 빠른 시간을 달성하며 1996년 미국 국가대표팀에 합류할 수 있었다.

만약 당신이 머리처럼 상위에 도달하고자 한다면 당신 또한 더 나은 성과를 거둘 수 있도록 동기를 부여하는 사람들과 함께 훈련에 임해야 한다.

나는 칼이라는 고위 관리자에게 컨설팅을 제공한 적이 있다.

그는 자신이 받는 연봉의 두 배를 제시한 경쟁사의 부사장 자리를 거절했다. 좋은 기회를 뿌리친 이유는 현재의 회사가 그와 다른 고위 관리자들에게 어떻게 하면 더 좋은 리더가 될 수 있을지를 제대로 가르치고 있었기 때문이었다.

칼은 부하직원들을 너무 소진시킨다는 평판을 듣고 있었다.

이직을 한다면 그러한 자신의 업무 방식을 계속 되풀이할 것임을 잘 알고 있었다. 칼은 그의 상사와 동료들이 자신의 업무 방식을 바꾸는 데 도움을 줄 것임을 믿었기에 회사에 남기로 결심했다.

현명한 기업은, 최고 성과를 내는 직원들이 성취도가 떨어지는 직원들과 함께 일했다면 결코 도달하지 못했을 수준까지 오르도록 서로 격려할 수 있는 분위기를 적극적으로 창출한다.

기업 내 인재들을 모아 집중훈련을 시키는 인재개발 프로그램은 바로 이러한 목적을 위한 것이다. 세계적 경영자가 되기를 원한다면 이 프로그램에 참가하는 것을 당신의 첫째 목표로 삼아야 한다.

● 자신을 새롭게 개발하라

최고 자리에 오르는 것도 어렵지만 그 자리를 지키는 것은 이보다 더 어려운 일이다. 당신이 올림픽에서 메달을 획득했거나, 세계기록을 깼거나, 해당 종목에서 누구보다 많은 승리를 거뒀다고 가정해 보자.

그렇다면 다음번에 다시 승리하기 위해 정신적, 육체적 지구력을 발휘해야 하는 새로운 훈련 주기에는 어떻게 스스로에게 동기를 부여할 것인가. 그것도 이제 당신 자신이 다른 사람의 기준점인 상황이라면 말이다.

이것이 바로 자신을 끊임없이 새롭게 개발해야 하는 최고 선수들이 직면하는 가장 힘든 도전과제이다.

체조 트램펄린 종목에서 선수로 활동하는 선수 쇼턴의 예를 살펴보자.

내가 그녀의 심리 코치일 때 그녀는 1983년 여성 선수 랭킹 1위의 자리를 차지했다.

세계 최고의 여성 트램펄린 선수로 공인받았다는 의미이다.

그럼에도 당시 그녀는 세계 선수권 대회에서 한 번도 우승을 하지 못했다.

쇼턴은 세계 선수권 대회에서 우승을 거두겠다고 마음먹고 그녀가 할 수 있는 것이라면 무엇이든 했다. 생리학자 및 생체역학자 등 전문가들, 그녀에게 항상 앞서 가는 생각을 하도록 격려하는 최고 코치들과 함께 작업하며 끊임없이 스스로를 뛰어넘고자 시도했다.

그녀는 비디오 분석에 따라 새로운 동작을 배웠고, 영양섭취 계획에 따라 여러 방법으로 원기를 북돋았다. 승부욕을 불태우는 야심찬 경쟁자들보다 우위에 서기 위한 이 노력들은 마침내 성공했다.

그녀는 1984년 세계 선수권 대회 우승을 거머쥐며 이 부분 최초의 영국 출신 우승자로 등극했다. 쇼턴은 피드백에 대한 지칠 줄 모르는 욕구를 보였다.

이는 내가 작업한 모든 최고경영자가 공통적으로 보인 특성이었다.

그들은 즉각적인 피드백을 받는 것에 매우 열성적이었다. 내가 함께 일한 최고 영업 및 마케팅 이사는 최고경영자가 그에게 끊임없이 때로는 매우 가혹하게 평가를 내리지 않았다면 자신이 결코 지금의 자리에 있지 못했을 것이라고 말했다.

당신이 내가 컨설팅을 제공한 비즈니스계의 최고 실력자들과 같다면 당신 역시 어떻게 발전하고 진보할 수 있을지에 대한 조언을 듣는 데 열심일 것이다.

이때 한 가지 주의할 것은 도전받는다는 느낌을 즐긴다 해도 당신이 받는 모든 피드백은 반드시 건설적이어야 한다는 점이다. 당신이 받는 비판이 처음에 그다지 도움이 되지 않는 것처럼 느껴진다면 부정적 비판 뒤에 숨어 있는 유용한 교훈을 얻을 수 있는지를 확인하고 구체적인 조언도 구하기 바란다. 상세한 조언을 얻은 뒤에야 당신의 업무 성과를 구체적으로 개선할 수 있기 때문이다.

● 승리를 축하하라

최고 실력자들은 즐기는 법을 잘 알고 있다. 그들은 목표를 달성하기 위해서 노력하는 만큼이나 자신의 승리를 축하하기 위해 열과 성을 다한다. 나는 한 프로 골프 선수와 작업한 일이 있었다.

그는 최고랭킹에 올랐을 때 젊은 운동선수가 으레 갖고 싶어 할 만한 값비싼 시계, 멋진 차, 새집 등을 스스로에게 선물했다.

이는 그가 성취한 결과를 스스로에게 인식시키는 동시에 수많은 세월 동안 골프에 쏟은 노력을 보상받는 상징물 역할을 한다.

축하하는 것은 감정 표출 이상의 의미를 지닌다. 효과적 축하가 이뤄질 경우 고도의 분석과 더 나은 자기 인식을 가져온다. 최고 역량을 발휘하는 사람들은 앞으로 나아가기 전에 반드시 자신의 성공 요인을 분석하고 철저히 이해하는 과정을 거친다.

나는 2000년부터 2002년까지 컨설팅을 제공한 웨일스 럭비팀에서 이러한 모습을 확인할 수 있었다. 매 경기가 끝나면 웨일스 럭비팀원들은 잘못한 것뿐 아니라 잘한 것을 평가하는 데 특별한 정성을 들였다.

그들은 통상 소그룹으로 나뉘어 경기에서 자신들이 보인 긍정적인 면들을 파악하고 토론했다.

이를 통해 다음 경기에서 훌륭한 플레이를 다시 펼치는 데 집중할 수 있었다. 이 과정은 전문성을 키울 뿐 아니라 자신감을 기르는 데 강력한 힘을 발휘했다. 승리를 축하하는 행위의 가장 중요한 기능은 훨씬 도달하기 힘든 목표에도 도전할 수 있는 용기를 준다는 것이다.

기업들은 분기별 매출목표를 달성하기에 급급하고 주주들은 조바심만 내는 비즈니스 세계에서 관리자들은 축하의 시기와 기간을 고려해야 한다. 너무 오랫동안 성공을 축하한다면 업무에 지장을 줄 것이며 자기만족에 매몰될 수 있다.

축하하되 밀고 나아가라. 성공을 축하하는 의식에 젖어 있지 마라. 승리를 축하한 바로 그 날이 끝나갈 때 성과를 거두기 위한 다음 단계로 넘어가는 것이 바로 승리를 축하하는 진정한 과정이다.

현명한 기업은 승리를 축하하는 일과 열정적으로 앞으로의 성과를 모색하는 일 사이의 긴장을 다스리는 법을 알고 있다. 한 영국 무선 통신 업체는 직원들을 위해 매년 100만 파운드를 들여 무도회를 연다. 이 회사는 유명한 장소를 섭외하고 팝 밴드를 섭외하여 모든 직원에게 흥을 준다.

그러나 이 회사의 성공 요인 중 하나는 회사의 관리자들이 '우리가 목표를 달성해야 하는 10가지 이유 중 축하연은 아홉 번째 이유에 불과하다'는 사실을 잘 알고 있다는 것에 있다.

모든 최고 실력자가 그렇듯이 그들은 축하에는 그만 한 이유가 있어야 한다는 사실을 잘 알고 있다. 즉 승리 없는 축하는 무의미하다.

● 이기겠다는 의지

올림픽 경기에서 명장면이 펼쳐지면 사람들은 훌륭한 선수들이 완벽한 기량에 매료된다. 보통 사람들은 선수들이 별다른 노력 없이도 그러한 능력을 발휘하고 있다는 선입견에 빠지기 쉽다.

하지만 노력 없는 성취란 환상일 뿐이다. 심지어 최연소 선수들마저도 수많은 세월을 준비 기간으로 보내고 반복되는 실패를 감내한다. 최고 선수들은 더욱 전진하게 만드는 힘은 경쟁하고 이기겠다는 강렬한 욕망이다.

그럼에도 올해 베이징 올림픽에 참가하는 대부분의 선수는 하나의 메달도 만져 보지 못한 채 경기장을 나설 것이다. 그렇다 하더라도 진정한 승부 근성이 있는 선수들은 다시 맹훈련에 돌입할 것이다.

최고 실력을 발휘하는 사람과 성취도가 높은 평범한 사람의 차이가 바로 여기에서 나타난다. 다시 경기장으로 돌아가 최후까지 싸우기 위해서는 거의 상상조차 힘든 근성과 용기가 필요하다.

이것이 바로 올림픽 출전 선수들이 갖춘 기질이다. 이것이 바로 비즈니스에서 최고 실력자가 되기를 원하는 당신이 갖춰야 할 기질이다.

영어스피치 3

When Thales was asked what was very difficult,

he said, "To know one's self."

And what was easy, "To advise another."

Diogenes

If you want to build a ship,

don't drum up the men to gather wood,

divide the work and give orders.

Instead, teach them to yearn for the vast and endless

sea.

Antoine Marie Roger De Saint Exup ry

We are looking for people who have to excel to satisfy

themselves and who work well in a collegial environment.

We don't care that much about education and expertise,

because we can train people to do whatever they have to
do. We hire attitudes.

Herb Kelleher

It is confidence in our bodies, minds and spirits that allows us to
keep looking for new adventures, new directions to grow in, and new
lessons to learn — which is what life is all about.

Oprah Winfrey

Lost wealth may be replaced by industry,
lost knowledge by study,
lost health by temperance or medicine,
but lost time is gone forever.

Samuel Smiles

Coming together is a biginning,
keeping together is progress,
working together is success.

Henry Ford

I believe the people who are most successful
are those who do what really interests them.
There is no substitute for energy and enthusiasm.

Jacques Nasser

Few are those who see with their own eyes and feel with
their own hearts.

Albert Einstein

제4강

감정표현 훈련

감정표현 훈련

1. 감정표현 연습

21세기 창조회 회원 여러분! 웃읍시다! 웃어 보세요!

웃을 일이 없다구요? 그렇지 않습니다!

이 세상에 태어난 것만으로도 행복해요!

21세기에 살고 있다는 것만으로도 행복한 것입니다.

창조회 교육을 받으니 얼마나 좋습니까? 웃어 봅시다!

하 하 하 하 하 하 하 하 하 하 하 하 하 하 하 하

얼마나 좋습니까? 웃으면 복이 온대요! 복이! 복이! 온다구요!

인상 좋아지지요! 행복해지지요! 좋아하는 사람 많아지지요!

건강해지지요! 얼마나 좋은 일입니까! 돈도 안 들잖아요!

아까워하지 마시라구요! 웃음은 절약하는 것이 아니에요!

힘은 쓰면 쓸수록 늘어나구요! 머리는 쓰면 쓸수록 좋아지고!

사랑은 나누면 나눌수록 많아지구요!

우리는 만나면 만날수록 친근해지구요!

웃음은 웃을수록 인상이 좋아진다니까요?

정말 우습다! 우습구나! 웃음이 절로 나오는구나!

호 호 호 호 히 히 히 히 호 호 호 호 호 호 호 호

다 같이 웃어 봅시다! 다 같이 웃어 보자구요?

하 하 하 하 하 하 하 하 하 하 하 하 하 하 하

호탕하게! 시원하게! 시원시원하게! 남자답게!

하 하 하 하 하 하 하 하 하 하 하 하 하 하 하

스트레스가 확 풀리는구나! 확 풀려! 확 풀려!

2. 감정표현훈련

드디어! **시작되었다!** 과감하게 도전했다!

성공은 용기 있는 자의 것이다! **자신감이 넘친다!**

저는 성공자입니다! **저는 지도자가 되는 것이 꿈입니다!**

이제는 자신감이 생겼어요! **용기가 생겼어요!** 여유가 생겼어요!

두려움이 없어졌어요! **연단이 친숙해졌어요!**

운명이 바뀌었어요! **생활이 달라졌어요!**

가슴이 후련해졌어요! **앞이 훤해졌어요!**

자유로워졌어요! 행복이 넘쳐흘러요!

여러분은 대단하십니다! **여러분은 훌륭하십니다!**

여러분은 현명하십니다!

분명히 여러분은 달라졌습니다!

새로워졌습니다!

여러분은 떠오르는 태양입니다!

3. 신바람 노래

곡: 학도가

1. 즐거웁게 생각하면 신바람 나고
   우울하게 생각하면 슬퍼지겠네.
   낙-관적 긍정적인 생각을 하고
   웃으면서 사는 것이 쉬운 길이다.

   전-에는 인상 쓰며 살아왔지만
   알고 보니 이 버릇이 나를 망쳤네.
   이제 나는 슬퍼하지 아니하리라.
   언제든지 신-나게 살아가리라.

2. 신-나게 살아가면 신바람 나고
   억-지로 살아가면 불행이 오고
   적-극적 의욕적인 생활을 하고
   즐거웁게 사는 것이 좋은 길이다.

   전-에는 억-지로 살아왔지만
   알고 보니 이 버릇이 나를 죽였네.

이제 나는 어—렵게 아니 살리라.

언제든지 신—나게 살아가리라

4. 감정표현의 인용화법

원리 원칙으로만 말을 한다면 할 말이 없을 거야!

인용화법은 너무나도 좋은 화법이야!

멋진 표현기술이 될 거야!

역사적인 추억들!

조상들의 삶의 엑기스가 그대로 묻어 있는 표현기술!

어떤 역사적인 사람들의 극단적인 체험담!

자신과 타인의 진한 삶의 진실!

아! 인용화법은 감동과 삶의 희열을 간접적으로 느끼게 한다.

할 말이 많아진다.

성공한 사람들의 이야기는 성공을 자극시켜 준다.

성공의 길을 안내해 주기도 한다.

인용화법은 바로 표현의 진수야! 진수!

난! 인용화법의 멋진 전문가가 되어야지!

꼭 되고야 말 것이다.

그리고 크게 웃을 거야!

으 하 하 하 하   으 하 하 하 하   이 하 하 하 하

야! 신난다! 신나! 표현예술의 성공자야! 성공자!

5. 지도자의 10대 조건

10 자기표현이 능숙해야 한다.

20 입체적 가치관을 소유해야 한다.

30 내적 분위기가 안정되어야 한다.

40 환경에 적응하는 능력이 뛰어나야 한다.

50 밝고 명랑해야 한다.

60 정열과 적극성이 있어야 한다.

70 봉사와 협조하는 정신이 강해야 한다.

80 감정을 잘 표현하면서도 자신을 지킬 수 있는 이상이 있어야 한다.

90 호감 있는 사람이 되어야 한다.

100 자신에 대하여 익숙해 있어야 한다.

6. 나는 말을 잘해야 합니다.

10 사랑을 하기 위해서 말을 잘해야 하고

20 관계를 잘하기 위해서 말을 잘해야 하고

30 행복한 생활을 하기 위해서 말을 잘해야 하고

40 잘 알기 위해서 말을 잘해야 하고

50 돈을 잘 벌기 위해서 말을 잘해야 하고

60 교육을 잘하기 위해서 말을 잘해야 하고

70 진실을 전하기 위해서 말을 잘해야 하고

80 문제를 해결하기 위해서 말을 잘해야 하고

90 사업을 잘하기 위해서 말을 잘해야 하고

100 나의 직장의 발전을 위하여 말을 잘해야 한다고 이 연사
　　○○○는 힘차게 주장합니다.

7. 불완전을 이해하고 인정하는 완벽주의자가 됩시다!

창조회 회원 여러분! 반갑습니다.

저는 완벽주의자 ○○○입니다.

저는 완벽한 것을 좋아하고 사랑합니다.

불완전한 것은 나의 모습이든 남에 모습이든 못 봐 줍니다.

그래서 이런 성격이나 마음 때문에 고민도 많이 하고

고생도 많이 했습니다. 스트레스도 많이 받았습니다.

왜냐하면 나도 불완전하고 남도 불완전하기 때문입니다.

그러나 저는 창조회에 오면서부터 새로운 마음을 갖게 되었답니다.

완전을 좋아하고 사랑하되 불완전한 것도 인정하고

이해하는 사람이 되기로 말입니다.

저는 오늘도 나와 동지들의 불완전한 것을 인정하고

이해하면서 제가 좋아하는 완전이라는 목적지를 향하여

불완전한 과정을 포기하지 망설이지 아니하고

열심히 노력하고 또 노력하고 있습니다.

시작이 반이라고 했습니다.

천 리 길도 한 걸음부터라고 했습니다.

늦었다고 생각할 때가 가장 빠른 때라고 했습니다.

네 시작은 미약하였으나 네 나중은 창대하리라는 성경 말씀이 있습니다.

위기일 때가 절호의 찬스라고 했습니다.

잘했다고 생각하시면 저에게 뜨거운 박수를 보내 주십시오.

감사합니다.

여러분 박수에 꼭 보답하는 사람이 되겠습니다.

오늘 처음 오신 ○○○님께 칭찬의 박수를 보내 드리고 싶습니다.

(감정표현!) **불완전한 저의 모습을 보여 드리겠습니다!**

지금은 비록 부족하지만 보다 완전한 나의 모습을 보여 줄 거야!

완벽하고 말 거야! 불완전해도 좋아! 어색해도 좋아!

으하하하하 하하하하하 우하하하하 으하하하하!!!!!

○○○는 완벽할 때까지 할 거야! 막춤도 한번 추어 볼까!

건너 마을에~ 별빛이 흐르는~ 나에 살던 고향은~

조개껍질 묶어~ 오 예! 아 예!

8. 대중 연설을 잘하면*

① 사회생활에 대한 **자신감이 생긴다.**

② **배짱과 용기가 생긴다.**

③ 마음의 **여유와** 생활의 **안정감이** 생긴다.

④ **사회적으로** 인정받는 **사람이 된다.**

⑤ 인기가 **올라가게 되어** 삶의 **기쁨을** 얻게 **된다.**

⑥ 지식이나 **사고에 대한** 정리가 된다.

⑦ **자기 확장이** 이루어지고 **발전의** 속도가 **빨라진다.**

⑧ 조직이나 **사회의** 활력을 **불어넣는다.**

⑨ 대인관계가 **풍성해진다.**

⑩ 자신을 **정확히** 알릴 수 있어 **많은** 사람들로부터
   신뢰와 믿음을 **얻게 된다.**

---

* 전게서

9. 작은 것 실천의 결과

① 작은 인사 **한 번** 한 번이 **품위 있는** 사람을 **만들어 준다.**

② 작은 미소 **하나하나가** 좋은 분위기를 **만들어 준다.**

③ 작은 변화 **하나하나가** 운명을 **바꾸어 준다.**

④ 작은 실천 **하나하나가** 능력을 키워 준다.

⑤ 작은 사과 **한 마디** 한 마디가 **불행을** 해결해 준다.

⑥ **작은 악수** 하나하나가 **친근감을** 더해 준다.

⑦ 작은 칭찬 **한 번** 한 번이 **큰 용기를** 만들어 준다.

⑧ 작은 위로 한 번이 **좌절감에서** 벗어나게 한다.

⑨ 작은 경험 **한 번** 한 번이 **인생을** 풍성하게 한다.

⑩ 작은 **한 번 한 번**의 교육이 **인격완성을** 만들어 준다고 이 연사
○○○는 **강력히 주장합니다.**

10. 불완전한 과정을 빨리 해결하는 법

① **불완전한 과정을 두려워하지 말자.**

② 전문가에게 **좋은 방법을 배우자.**

③ **반복 연습하여 숙달을 시키자.**

④ **적극적이며 열성을** 다하자.

⑤ 연구하고 **개발하여** 자기에게 **맞추자.**

⑥ 좋아하고 **사랑하고** 이해하자.

⑦ **변화와** 발전에 **감격하고** 자랑하자.

⑧ **경쟁을** 통하여 **승부욕을** 자극시키자.

⑨ **집념을** 불태우고 **신바람 나게** 하자.

⑩ 불완전한 과정을 **빨리** 많이 **거치는 방법이** 보다 빨리 **완전해지는 방법이라고** 이 연사 ○○○는 **힘차게 주장합니다.**

11. 감정 표현

① 나를 위해서는 땀을 흘리고, 10

　남을 위해서는 눈물을 흘리고, 40

　나라를 위해서는 피를 흘려라! 80

② 꿈틀거려라 생명들아! 20

　행동하라 젊은이들아! 50

　조국을 깨우쳐라 지식인들아! 80

③ 청년이여, 학생이여! 40

　맑은 가슴 뜨거운 정열에 80

　민족의 슬픈 한을 품어라! 30

　얼굴이 예뻐서 여자가 되었고, 70

　체격이 건장해서 남자더란 말이냐? 80

④ 겁 많은 국민 중에서 영웅이 나온 적이 없고,

　우둔한 국민 중에서 **대 정치인이** 나온 적이 없으며,

실리에만 **눈이 어두운** 국민 중에서

대 예술가가 나온 적이 없습니다.

⑤ 철학은 **심각하고**, 법학은 **딱딱하며**,

경제학은 까다롭고, 문학은 부드러우나,

정치학은 더욱 알쏭달쏭하기 때문에,

오늘 이 사람은 어떠한

학술적인 논리를 **전개하고자 함이 아니요**,

다만 내 조국을 사랑하는 애국심에 대해서

몇 말씀 올리고자 합니다.

⑥ **희망**이 있는 자에게는 **신념이 있고**, 20

신념이 있는 자에게는 **목표가 있고**, 30

목표가 있는 자에게는 **계획이 있고**, 40

계획이 있는 자에게는 **실천이 있고**, 50

실천이 있는 자에게는 **성과가 있고**, 60

성과가 있는 자에게는 **행복이 있다.** 70

⑦ 변화하려고 하지 않는 자,

그는 죽은 자이다!

성공하려고 하지 않는 자,

그도 죽은 자이다!

삶과 죽음, 성공과 실패,

과연 어느 것을 선택할 것인가?

⑧ 오늘의 문제는 무엇이냐?

싸우는 것이다!

내일의 문제는 무엇이냐?

이기는 것이다!

모든 날의 문제는 무엇이냐?

죽는 것이다!

싸운다! 이긴다! 죽는다!

⑨ **언젠가 내 시대가 온다!**

언젠가 ○○○의 시대가 온다!

우리 모두 정상에서 만납시다!

부록 스피치 소스 4*

● 정보 과다에 의한 죽음

새로운 연구(research)와 새로운 기술들은 생명선을 당신과 당신의 조직에 제공한다. 모든 사람은 바로 정보 과다에 관해 투덜대는 것을 멈출 수 있나? 내가 말하고 싶은 것은 지식 경제 안에서, 정보는 우리의 가장 가치 있는 상품이다.

그리고 최근에 그것은 거의 무한하게 다량으로 이용할 수 있고, 우리 전자 장치들에 의해 자동적으로 전달되거나 또는 몇 번의 마우스 클릭으로 접근하기 쉽다.

열심히 해라. 잠깐, 나는 정보 과다에 관해 낑낑거리는 것을 멈출 수 있을까? 매일 나를 수렁에 빠뜨리는 정보의 범람은 이득보다 많은 고통을 생산하는 것처럼 보인다. 주기적으로 들어오는 전자 메일 메시지들과 RSS(뉴스나 블로그 사이트에서 주로 사용하는 콘텐츠 표현 방식)는 나에게 큰 슬픔을 준다.

---

* 『Death by information overload』, Paul Hemp, September 2009, HBR을 번역하여 수정 및 발췌.

그것은 또한 나의 일을 유지하기 위해 거대한 정보의 바다로 억지로 가게 하거나 탐험하게 만든다. 현재의 연구는 이용할 수 있는 정보의 급증하고 있는 분량－그리고 사람들의 일을 방해하는－개인의 안녕이 아니라 의사 결정과 혁신, 생산성 등에 불리한 영향을 끼칠 수 있다고 시사한다.

1개의 집단 안에서 예를 들면, 사람들은 전자 메일 중단 후 일 작업으로 돌아오기 위해 거의 25분의 평균을 잡았다.

저것은 개인들과 그들의 조직들을 위한 나쁜 뉴스이다.

희망은 있다. 혁신적인 도구들과 기술들이 정보과다와 고군분투하고 있는 우리들에 대한 구제를 약속한다. 어떤 것들은 자동적인 분류와 우선순위의 메일 같은 기술적인 해결이다.

사례를 들면 대홍수를 규제하거나 예방하기 위해 디자인 되었다.

나머지 것들은 사람들이 그들에게 그들이 행동하는 방법을 바꾸고, 생각하게 하는 것에 의해 상념에 빠지는 것(drowing)을 방해한다.

우리는 안다. 아마도 언젠가는 심지어 나를 아래로 끌어내리려 위협하는 현재의 강력한 정보 안에서 내가 즐기게 될 것이라는 것을 말이다.

● 개인을 위한 문제

물론, 정보 과다는 구텐베르크로 거슬러 올라간다.

인쇄물의 급증을 이끈 가동 활자의 발명은 한 인간의 생애에서 흡수할 수 있었던 것을 능가하게 했다.

후의 기술들은－카본지에서 사진 복사기까지－심지어 기존의 정보를 더 쉽게 복사하였다.

그리고 정보가 디지털화되었으면, 문서들은 거의 비용을 들이지 않고 무한한 숫자로 복사될 수 있었다. 디지털화된 콘텐츠는 역시(새로운 정보를 출판한다는 것) 인쇄기로 처음 가능해진 또 다른 활동으로 장벽들이 제거되었다.

이제는 더 이상 수백 년의 제조와 배포 비용들에 의해 한정되지 않고, 누구나 출판사가 될 수 있다(광범위하고 자유로운 배포 채널인 인터넷은 유일한 이네블러가 아니었다).

실행할 수 있는 메모를 낳는 것을 도운 타이프라이터와 경영자가 접근하기 쉬운 steno pad로 갖추어진 초서체 활자를 필요에 따라 제거했던 문서작성기를 생각해 봐라.

실제로 많은 새로운 정보−사례를 들면 아마존으로부터 개인화된 구매 추천−는 어떠한 인간의 투입 행동이 없이도 출판되어지고 유통되어진다.

정보의 방문을 열면 콘텐츠는 우리에게 무수한 형식으로 쇄도한다. 문자 메시지와 흥분한 떨림은 우리의 핸드폰에 있다.

Facebook 친구들은 재빠르게 음성메일을 블랙베리로 보낸다.

메시지로 재빨리 지도한다. 우리의 데스크톱 컴퓨터들에 마케팅 세일즈(더 이상 우편요금에 의한 비용은 제한되지 않는다)를 설치한다.

궁극의 킬러 어플리케이션, 이메일은 말할 필요도 없고(하나를 위한, 나는 그것을 유지하기 위해 헛된 노력을 하는 동안 거의 소멸되었다).

그 사이에, 우리들은 과거에는 존재하지 않거나 또는 우리들이 접근할 수 없는, 하지만 지금은 접근 가능한, 묵살할 수 없는 정보에 매력을 느낀다.

온라인 조사 보고서들과 산업 자료들, 동료들에 의해 또는 라이벌 회사들에서의 경영자들에 의해 써지는 블로그들, 위키와 공개포럼에서의 계속되고 있는 화제들, 기업 내 인트라넷. 최근 진부한 생각에 잠기는 친구들은 우리의 사회적 네트워크상에 있다.

그것이 많은 재료일 정도로-하지만 정확한 문제는 무엇일까?

투덜대는 것처럼 대응하다가 자기 자신의 부조화된 신음들에 의해 중단하게 되고 거의 정당성을 갖지 못한다. 연구자들은 도착되어진 정보를 가능한 빨리 처리할 수 없는 스트레스는-개인과 사회의 기대가 결합되어, 당신은 모든 전자 메일에게 답할 것이다-당신을 고갈시킬 수 있고 혼란시킬 수 있다고 말한다.

정신과 의사이자 주의력 결핍 전문가인 Edward Hallowell은 현대의 작업장이 유전적인 근거가 있는 무질서들과 닮아 있는 '주의력 결핍 특징'이라고 부르는 것을 유발한다고 주장한다.

오늘의 지식 노동자들의 정신적인 상태를 기술하기 위해 용어 '연속의 일부분의 주의'를 주도했던 저자 Linda Stone는 그녀가 지금 알아차리고 있다고 말한다-이것('전자 메일 apnea')을 얻어라. 사람들이 그들의 전자 메일에 달라붙는 규칙적이고 안정되는 호흡의 의식 불명의 매달리기. 심지어 정보의 냉혹한 폭포가 사람들의 지성을 낮춘다고 하는 주장들이 있다.

몇 년 전, Hewlett-Packagd에 의해 임명된 연구진에 의해 이메일과 휴대전화가 지식 노동자들의 평균 레벨보다 10포인트 정도 아이큐 점수를 흐린다고 보고되었다. 마리화나를 흡연하는 것은 2배나 감퇴시켰다. 몇몇 논평자들은 주목할 정도로 얼굴을 찡그렸다.

물론, 모든 사람이 억수 같은 정보에 압도되지 않는다.

어떤 사람들은 그것에 의해 자극된다.

하지만 [무서운 음악에 신호를 준다]······ 정보 중독에 대해 떠들어댔다.

미국의 4,000명의 전자 메일 사용자들을 조사한 AOL의 2008년 조사에 따르면, 46%는 전자 메일에 중독되어 있다.

60%에 가까운 사람들이 이메일 욕실에서 체크했다고 조사되었고 15%는 교회에서 열어 보았다. 그리고 11%는 그들이 배우자 또는 다른 가족들로부터 그것을 점검하고 있었다고 하는 사실을 숨겼다.

always의 경향－일과 가정 사이의 경계들을 흐리게 하는 이용 가능한 정보는 우리의 삶에 예상하지 못한 방법으로 영향을 줄 수 있다.

최근 보고되었던 현상을 고려해라······ [정말로 무서운 음악에 신호를 준다] ······블랙베리 고아, 장치들로부터 그들의 부모의 주의를 회복하기 위해 필사적으로 싸우는 아이들－블랙베리를 화장실에 버린 것도 보고 된 사례가 있다.

● 기업에 대한 문제

대부분의 조직은 무의식적으로 개인에 대한 정보를 지나치게 관리하여 높은 비용을 지불해야 한다. 또한 정보적 가치의 제한성으로 인해 직원의 생산성이 그게 손실된다. 전자의 경우에는 스팸 메일 필터로 효과적으로 문제를 축소했다.

인텔 직원의 설문 조사에서 그들이 받을 필요가 없는 메일이 1/3로 밝혀졌다. 직원 설문 결과 일주일에 350개의 메시지가, 임원의 경우 하루 평균 300개의 메시지가 접수되었다. 전자메일을 처리하는 데 하루에 약 2시간이 낭비되고 있다.

인텔의 전 수석엔지니어인 Nathan Zeldes 관장은 "많은 회사가 여전히 부정적인 문제를 갖고 있다."고 했다. 그리고 "비록 사람들은 싸움을 하지 않더라도 커뮤니케이션을 지원하는 당신을 위해 좋은 생각임을 경험한다."라고 했다. Zeldes는 지금 정보과부하연구 그룹, 학계 및 임원의 컨소시엄 총장이다.

산만하게 만들어진 전자메일 및 정보의 다른 유형 또한 더 미묘한 결과를 나타냈다. Teresa M. Amabile에 의한 Harverd 비즈니스 스쿨의 연구에서 심지어 젊은 노동자에 대한 조사결과 하루 동안의 일에 대해 파편을 없애고 집중하게 한 결과 창조적인 활동이 나타남을 확인했다.

드물지만 분명히 말해 연구에서 주목받고 있는 정보과부하의 결과, 정책 입안에서 지연되는 경우 당신은 누군가가 전자메시지를 언제 응답할지 알지 못한다.

만약 당신이 적당한 때에 듣지 못한 경우 상대가 의도적으로 무시한 것인지, 그의 정크메일 폴더에 자동적으로 분류되었는지, 나중에 응답을 받았는지, 아니면 단순히 주목받지 못한 메일이었는지 생각해 봐야 한다(일부는 이러한 질문에 대답을 될 전자 메일을 받는 경우에는 앞의 사항에 포함되지 않더라도 더 고민스럽게 한다. 메일 수신 여부를 확인하게 하여 발송자에게 확인할 수 있게 하기도 한다).

노스웨스턴대학교 연구원 yoram kalman에 의하면 이 온라인 침묵에 의해 창조된 애매함은 때때로 지연된 응답보다는 더 나쁠 수 있다. 우리의 마음은 과거 경험에 근거를 둔 일련의 반의식이 있는 계산을 통해 간다.

이 사람은 전자우편에 응답하는 데 얼마나 걸리는가?

후속조치로 그녀를 귀찮게 해야 하는가?

얼마나 음성 메시지를 남기는 노력을 확대해야 하는가?

그녀의 책상이 있는 빌딩까지 찾아가야 하는가?

창가 맨 꼭대기까지 소리쳐야 하는가?

만약 당신이 응답을 기다리는 동안 2분 이상이나 그 이상 소요된다면 더 이상 프로젝트를 보류하고 무기한으로 기다릴 수밖에 없다.

왜 이렇게까지 추가하는가? 이러한 정보 과부하의 다른 결과 비용을 정하기가 쉽지 않다. 하지만 Nathan Zeldes와 2명의 다른 연구진에 의해 인텔의 연간 비용을 넣어서 밝혀진 계산은 시간 모양으로 감소한 효율이 불필요한 전자메일 및 정보를 중단 회복하는 데 약 10억 달러 손실로 나타났다. 그들의 의견을 묵살하는 것이 조직에 위험한 것임을 말한다.

● 개인에 대한 도움말: 테크놀로지

최근 최첨단 관리 아이디어에 대한 브레인스토밍 세션을 하는 동안, Jerry Michalski는 그룹의 birdbrain이었다. Michalski는 그의 옆자리에 앉아 있는 동료 Lew McCreary에게 자신의 네트워크에 추가정보를 요청하는 즉시 응답받을 수 있는 트위터를 갖췄다. 그는 종종 기사, 블로그에 링크를 걸어 신속한 대응을 가능하게 했다.

만약 개념에 가치를 본다면, 첫 번째 가치의 방에서 다른 외부논평에 의해 풍성하게 생성한 경우 소프트웨어 응용에 따라 관련된 연결을 추가한다.

그는 새로 얻는 지식을 분류하고, 컴퓨터 화면에 새로 취득한 지식을 저장하고 분류하기 위한 도구를 사용한다. 와우! Michalski의 사회적 매체의 사용에 대해 독립적인 기업 컨설턴트, 가을 나이아가라 서핑까지 그의 비밀은?

"당신은 선 연결이 될 것", "그는 인내심을 갖고 설명했다." 당신은 필요한 모든 것을 알아 가게 해야 한다. Michalski는 자신의 처분을 위하여 강력한 맞춤 필터가 있기 때문에, 조금 떠나보내는 것에 여유가 있을 수 있다. 그를 위해 사회적으로 모이는 네트워크, 선별한 가치 있는 정보. 이들 중 하나는 Twitter에 그의 친구로 이루어져 있다.

또 다른 한 개는 당신에게 당신의 사무실을 구독하는 동료 아이디어 아편쟁이가 유용했던 찾아낸 온라인 내용에 수로를 열어서 당신을 선정한 관심 화제에 최신이라고 유지한다. 소프트웨어 도구는 또한 다른 twines 스캔을 자동으로 귀하의 관심 분야와 관련성이 보이는 항목을 권장한다.

"네가 선 연결이 될 것" 그는 인내심을 내게 설명했다. "당신은 필요한 모든 것을 완벽하게 알아 가게 해 주세요." Michalski는 감당할 수 있기 때문에 자신의 처분 세트 강력 맞춤 필터, 소셜 네트워크를 선택, 수집, 그리고 그 가치를 정보화한다. 이들 중 하나는 트위터에 자신의 친구로 구성되어 있다.

그건 당신이 계속 협력적인 서표를 하는 도구이사, 또는 선택한 주제에 대한 최신 twines, 당신은 온라인 콘텐츠를 마약에 중독된 것처럼 시간을 쏟아야 유용하게 찾을 수 있다. 소프트웨어 도구는 또한 다른 twines를 검사하고 자동적으로 당신의 관심사에 관련되게 보이는 품목을 추천한다.

 영어스피치 4

When I am getting ready to reason with a man,

I spend one-third of my time thinking about myself

and what I am going to say and two-thirds about him

and what he is going to say.

Abraham Lincoln

The only thing worse than being blind is having sight

but no vision.

Helen Keller

So laugh in your loneliness

Child of the wilderness

Learn to be lonely

Learn how to love life that is lived alone

Learn to be lonely

Life can lived life can be loved alone

If you want to build a great enterprise,

you have to have the courage to dream great dreams.

If you dream small dreams, you may succeed in building

something small. For many people, that is enough.

But if you want to achieve widespread impact and

lasting value, be bold.

Howard Schultz

When everything gets really complicated and you feel

overwhelmed,

think about it this way.

You gotta do three things.

First, get the cow out of the ditch.

Second, find out how the cow got into the ditch.

Third, make sure you do whatever it takes so

the cow doesn't go into the ditch again.

Anne Mulcahy

제5강

제스처 훈련

제스처 훈련

1. 제스처 연습의 중요성

표정과 몸짓은 음성언어보다 더 강하게 친밀함, 거부감, 노여움 등을 전하는 도구이다. 표정과 몸짓에는 보여 주고 싶은 자기뿐만 아니라 감추고 싶은 자기까지 숨김없이 나타난다. 입말이 라디오라면 몸말은 TV라고 할 수 있다. 제스처, 즉 보디 스피치는 단조롭고 무미건조한 입말만의 스피치보다 훨씬 강력한 메시지를 전달해 준다.

몇 년 전 대통령 선거를 앞두고 모 지역 민주당 후보경선 투표결과 모 후보가 1위로 나타났다. 개표결과 발표에 이어 그 후보가 인사를 드리고자 마이크 앞에 나섰다. 행사의 절정이었다. 그러나 그의 이름을 연호하는 유권자들의 함성에 묻혀 인사말을 시작할 수가 없었다. 순간 그 후보는 연단에서 벗어나 두 손을 쫙 펴더니 위 아래로 움직여 조용히 해달라는 제스처를 보냈다. 그러자 장내가 찬물을 끼얹은 듯이 한순간에 조용해지는 것이었다.

이렇게 손바닥을 아래로 향할 때는 '정숙, 진압'을 뜻한다.

반대로 위로 향할 때는 '일어섭시다, 함께 합시다' 하는 말을 뜻한다.

'몸은 입으로 하는 말보다 더 많은 것을 이야기해 준다'라는 얘기가 있다. 사랑하는 연인에게 100번 사랑한다고 하는 말보다 손 한 번 꼬~옥 잡아 주는 것이 더 확실한 감정을 전달해 준다는 뜻이다. 자기표현에서 표정과 제스처가 차지하는 비중은 대단하다. 현대는 이미지 시대이기 때문이다. 잘나가는 강사들을 보면 예외 없이 제스처가 시원시원하고 화려하다. 이러한 제스처는 사실 저절로 나오는 것이다.

어린이들을 보라. 아이들이 이야기할 때 제스처는 아주 크고 명쾌하지 않는가. "난 아빠가 하늘만큼 좋아요." 아이가 손을 크게 벌려 동그라미를 그리면서 하는 말이다. 우리나라 사람들은 나이를 먹으면서 제스처가 없어진다. 권위주의적이고 획일적인 문화 탓이다. 매사에 절제를 요구하는 유교문화의 영향도 크다 하겠다.

표정과 몸짓은 상대의 마음을 읽어 내거나, 상대가 나에게 갖고 있는 감정을 판단할 때 중요한 단서가 된다.

순복음중앙교회 조용기 목사의 제스처는 크고 분명하다.

황수관 박사의 제스처는 아주 자연스럽고 코믹하다.

축구 해설가 신문선의 제스처는 강하고 빠르다.

제스처는 활발한 사고과정을 도와준다.

어떤 사람들은 이야기할 때 거의 움직임이 없이 차분하게 이야기를 하는가 하면, 또 어떤 사람들은 마치 지휘를 하듯 손짓이나 몸짓을 많이 쓴다.

최근 시카고 대학교 연구팀은 손짓이나 몸짓을 사용하는 것이 사고과정을 돕고 기억력도 향상시키는 것으로 발표했다.

골딘 메도우 박사와 동료들은 아동과 성인들을 대상으로 수학문제 풀기, 단어 암기하기, 설명하기, 기억력 테스트 등의 4단계에 걸친 실험을 했다.

그 결과, 설명하는 동안 손짓이나 몸짓을 쓸 수 있었던 아동과 성인들이 손짓이나 몸짓을 쓰지 못하도록 했던 아동과 성인들에 비해 20%나 더 많은 단어나 글자를 기억해 내었다.

말하는 동안 손짓이나 몸짓을 쓰지 않을 때는 순전히 언어적인 상징에만 의존해야 하지만, 손짓이나 몸짓을 쓸 때는 시각적, 공간적 혹은 운동적인 상징을 사용할 수 있기 때문에 사고과정이 촉진될 수 있다고 연구자들은 말한다.

우리는 누구나 조리 있게 자신의 생각을 설명하고 표현할 수 있기를 원한다.

그런데 성장과정에서 손짓이나 몸짓을 써 가며 열심히 설명할 수 있는 기회를 얼마나 가졌던가?

자신의 모든 인지적 능력들을 동원하여 손짓이나 몸짓을 써 가며 열심히 이야기하고 그것을 진지하게 들어 줄 수 있는 상황이 사회 모든 곳에서 자연스럽게 만들어지기를 기대한다.

제스처를 하는 데는 몇 가지 법칙이 있다.

첫째, 생동감과 활기가 있어야 한다.

'산 제스처'와 '죽은 제스처'란 말이 있다.

다이내믹한 제스처야 말로 '산 제스처'이다.

연사의 주장과 신념을 청중에게 더욱 강조하는 것이 제스처라면 제스처는 생동감 있고 활기가 넘쳐야 한다.

물론 융통성은 있어야 한다.

과일을 깎을 때는 과도를, 나무를 쪼갤 때는 도끼를 사용하지 않는가?

청중의 수나 장소의 규모에 따라 같은 제스처라도 크기가 달라야 할 것이다.

둘째, 동작이 말보다 0.5초 정도 빨라야 한다.

제스처를 말보다 늦게 하면 어색하기 때문이다.

개그맨들의 제스처를 관찰해 보면 말과 제스처가 시간적으로 맞지 않아 우습게 보이는 경우가 많다.

셋째, 제스처는 내용과 일치시키는 것이 포인트이다.

말의 내용과 제스처의 의미가 서로 달라서는 안 된다는 것이다.

"말씀드리겠습니다. 알려드립니다. 제안합니다. 호소합니다. 발표합니다." 할 때는 손을 펴서 앞으로 내밀어야 맞고, "약속합시다. 단결합시다. 각오합시다. 촉구합니다."라는 말을 할 때는 주먹을 쥔 상태로 표현해야 한다.

그 외에 **제스처와 시선이 하나가 되도록** 하고,

반복되는 제스처는 피하는 게 좋다.

적절하고 자연스러운 제스처는 말하는 사람의 정열과 자신감을 드러내 준다.

청중의 주의를 끌고 시각적인 발표가 되게 해 준다.

내용을 강조 또는 보조하여 박력을 살려 주기도 하고 팔마 체육관에서 보았던 모 후보의 제스처처럼 청중의 이해를 쉬우면서도 완전하게 해 준다.

　모든 제스처는 기본자세에서 제스처를 사용하려는 **'준비 단계'**와 표현의 목적을 달성한 **'완성 단계'**,

그리고 본래의 기본자세로 되돌아가는 **'복귀 단계'**,

이렇게 **3단계**로 구분한다.

　이것을 무시한 제스처는 자연스럽고 보기 좋은 제스처가 될 수 없다. 유명한 연설가나 목사의 제스처를 따라해 보자. 또 탤런트의 멋진 포즈를 보면 거울을 보고 흉내 내 보자.

　처음에는 어색하고 서툴러도 몇 번이고 반복하여 연습하는 동안 자연스럽게 나만의 멋진 보디 스피치가 개발될 것이다.

- 모방을 통해 재창조
- 연습은 좀 과장되게
- 실전에서는 자연스럽게

2. 제스처 심리학

- 손바닥을 위로: 포옹, 존중, 감싸는 행위

- 손등을 위로: 침착, 내려 누름

- 직선: 단호, 결단, 완고

- 곡선: 부드러움, 우아, 평화

3. 제스처 훈련

- ○○○ 씨 연단으로 나와 주시겠습니까?

- 여러분 남을 탓하기 전에 먼저 자신을 반성해야 합니다.

- 리더는 많은 능력이 있어야 하지만 그중에서도 결단력이 있어야 합니다.

- 스피치는 자신을 표현하는 것입니다.

- 스피치는 연사가 청중과 커뮤니케이션하는 것입니다.

- 스피치 능력은 금방 확 커지는 것이 아니라 단계적으로 발전하는 것입니다.

- 꾸중을 하는 것보다는 칭찬하는 것이 필요합니다.

- 저 멀리 우주에서 들려오는 소리에 조용히 귀를 기울여 봅시다.

- 내면의 소리에 귀를 기울여 보십시오.

- 여러분이나 저나 최고가 될 수 있습니다.

- 여러분 잠시 흥분을 가라앉히고 조용히 일어나 주시겠습니까?

- 우리가 진심으로 원하는 것은 모두 얻을 수 있습니다.

- 만약에 이 앞에 폭탄이 꽝하고 터진다면 어떻게 하시겠습니까?

4. 제스처 연습

닮고 싶습니다!

반갑습니다. 새롭게 도전하고 싶은 사람 ○○○입니다.

여러분은 모두 저의 스승입니다.

여러분의 장점을 모두 저의 것으로 만들고 싶습니다.

여러분 중에서도 ○○○님의 적극적인(터프한, 용감한, 탱크와 같은) 모습을 그대로 닮고 싶습니다.

○○○ 님께서는 여러 가지 좋은 장점을 많이 가지고 계신 분이십니다.

첫 번째:

두 번째:

세 번째:

○○○ 님은 정말 멋있는 분이시지요.

공감하시면 뜨거운 박수를 보내 주십시오.

저의 영원한 모델(사부님, 스승님, 표본)이신

○○○ 님을 여러분 앞에 모시겠습니다.

뜨거운 박수를 보내 주십시오.

감사합니다.

스피치 소스 5*

● 피터가 말하려고 하는 것

피터 드러커의 지혜를 제안하는 것은 우리를 피하게 만들었을지도 모른다. 그리고 세계 주위에 복잡한 지역사회들의 수많은 도전을 해결할 수 있도록 도울 것이다.

즉, 세계화의 재정적인 위기들, 스캔들 여파에 대한 기업의 신뢰를 복원하는 것, 망가진 금융 약속들을 만들지 않고도 최고의 재능을 동기부여하고 이끄는 것, 중동과 중앙아시아에 문제가 있는 장소들과 관련된 공공교육, 의료, 기후 변화와 같은 사회적 문제들을 해결하는 것을 말한다.

만약 피터 드러커가 오늘 여기에 있었다면, 이러한 문제들에 대해서 그는 무슨 말을 했을까? 그의 첫 번째 코멘트는 "내가 그렇게 말하지 않았느냐."라고 할 수도 있다. 그리고 그는 모든 권리에 대해서 말할 수도 있다.

---

* 『The continuing relevance of the drucker perspective』, Rosabeth moss kanter, November 2009, HBR을 번역하여 발췌 및 정리.

현재 글들에서 두드러지게, 그는 중요한 경향들과 불쑥 다가오는 재해들을 지적했다.

그는 불연속이라고 불리는 안 좋은 사건들을 지적하면서 조직체들의 주변 상황을 광범위하게 살펴봤다. 다음은 어려움의 징후에 앞서 거기에 계속 머무른다면 그는 우리에게 "기초 시스템들을 봐."라고 말하면서 계속 추구했을 것이다. 드러커는 거의 평판이 있지도 않았고, 개개인들에게 비난을 받기도 했다.

그는 조직체들의 설계에 영향을 미치는 업무와 규범, 과정, 그리고 그들의 구조에 대한 근본원인을 봤다. 그는 그들의 회사에 궁극적인 목적을 염두에 두는 동안 설계에 대한 도전은 경영진들의 책임에 있다고 우리에게 상기시키려고 했다. 그러고 나서 그는 지도자에게 몇 가지 자극적인 질문을 물어보면서 끝마쳤다.

"당신의 임무는 무엇이냐?"

"당신이 멈춰야 할 것은 무엇이냐?"

"장기 효과를 훼손했던 단기적인 효율성에 대한 드라이브를 어디에 가지고 있느냐?"

"원칙을 안내하는 것과 당신의 목표가 되어야 하는 것은 무엇이냐?"

내 경력 초기부터 피터 드러커 시스템을 채널링한 나의 자격증명은 내가 처음 25년 이상 전에 브뤼셀에서 그와 함께 패널에게 말했다.

그들은 드러커의 지문으로부터 그의 죽음을 넘어 퍼트렸다.

나는 다국적 연구를 나의 최신 책 『Super Corp』에서 발견했다.

그리고 모든 곳의 관리자들 중 특히 아시아의 관리자들은 드러커에 대해 다음과 같이 묘사했다. 그들의 국가 발전을 돕고 그들의 기업들이 잘 수행할 수 있도록 중추적인 역할을 한다고 했다.

● 드러커의 조기 경고

관리자의 작업을 식별하는 과정에서 드러커는 변화하는 세계에 견뎌 낼 조직체를 안내하는 데 있어서 그들의 책임을 물었다.

여기에 그가 예상했던 비평적 이슈가 몇 가지 있다.

보너스 brouhaha. 드러커는 최근 글로벌 금융 붕괴에 기여했던 과도한 위험에 취한 인센티브에도 놀라지 않았을 것이다. 다시 1980년대 중반, 그는 2008년에 은행의 추락에 따른 미국 정부 의제에 주된 주제, 즉 경영자 보상 이상의 시민들 반응에 대해서 경고를 했다. 20년 이상 전에, 드러커는 지난 과거에 1에서 40으로 돌진했던 상단 하단의 비율을 지적했다. 막 그의 죽음 전에, 비율은 1에서 400 이상으로 더 커졌다.

드러커는 부의 축적에 대해서 의지하지 않았지만, 그는 사회와 조직체의 일에 대해서는 실용적이었다. 그는 경영진의 역할은 일을 얻는 데 동기부여를 가지는 다른 사람들의 행동을 협력하는 데 있다고 했다. 그러나 그는 또한 성능과 관련된 지불을 해야 한다고 했다. 그것은 아마도 그의 가장 잘 알려진 실용적인 경영관리에 기여하는 것이 목표에 의한 주요 요점이었다.

드러커에게 듣는 것은 특히 AIG 생명과 일반적으로 월 스트리트와 관련된 여분의 것들을 가로막아야 할지도 모른다는 것이다. 그리고 보너스로 그들의 금액에 대해 비판할 뿐 아니라 종종 회사 결과와 관련이 없다고 했다.

그는 지식 근로자－고용인의 증가 비율－는 돈에 의한 것이 아닌
목적에 의한 동기부여가 되어야 한다고 주장했다.

그리고 그는 주주 이외의 지분 보유자의 광범위한 책임을 포함하
여 성능을 명백히 정의했다. 그는 미래를 위태롭게 하는 짧은 안타는
피하고, 회사의 장기적인 건강을 지키는 것이 경영진의 기본적인 일
이라고 강조했다.

● 자동차 업계의 불황과 창조적 파괴

드러커는 제너럴 모터스의 추락을 예측했는데 이 회사는 일찍이
분산된 조직 구조에 대해 경력을 높이 평가했던 회사이다. 몇 년 전
에, 그는 만약 GM 경영진들이 그의 유명한 "멈춰야 하는 것은 무엇
이냐?"라는 질문의 요청에 실패와 이전 성공의 기억에 사로잡혀 있다
면 이 문제들에 대해서 경고했다.

GM은 중요한 혁신의 필요성을 보여 주는 실패의 상징적인 예로
들 수 있다. 그리고 이 구조의 최고 경영은 변화하는 것을 고려할 수
없었다.

드러커는 어릴 적에 경제학자인 그의 아버지의 친구 슘페터(Joseph
Schumpeter) 에게 영향을 받았다. 슘페터는 기업인들의 세대를 정의
내린 창조적인 파괴의 개념을 가지고 있었다.

혁신과 기업가 정신은 드러커 이론들의 중점이었다. 그는 효율성
을 구별했는데, 첫 번째로 관리자들은 비용절감 또는 적은 노력을 함
으로써 성취를 해야 하는 것과, 두 번째로는 조건이 변화함에 따라

변형하는 조직체들, 그리고 올바른 목표를 설정하는 것을 포함하는 것을 구별했다.

불연속의 시대라고 불리는 현대에, 드러커를 비롯한 기업가들은 사회적 대변혁에 앞서 일을 기꺼이 얻기 원한다면 변화하거나 창조되는 조직체들에게서 명백한 기회들을 찾아야 한다. 드러커는 미래를 예측하는 데 가장 좋은 방법은 그것을 발명하는 데 있다고 말했다. 사회에 갭을 형성하는 불연속들은 창조성으로 채워져야 한다.

시장보다는 오히려 사회에 대한 그의 강조 사항은 혁신자들은 시장조사에서 아직 보여 주지 못했던 충족되지 않은 요구들을 맞춰 주어야 한다고 느꼈다. 따라서, GM과 같은 회사는 단순히 비용절감과 효율성을 강화하면서 오래된 것에 머무르면서 경쟁을 할 수 없다.

회사는 격렬하게 그것의 전체 조직 모델과 관련된 가정들을 다시 생각해 볼 필요가 있다. 예를 들면, 그것은 딜러나 충분히 적은 모델, 그리고 "미국인들이 원하는 차를 만드는 것을 다시 해라."에 초점을 맞추는데 GM을 권고하는 것은 충분히 되지 않을 것이다. 때때로 다시 돌아가지는 않는다. 왜냐하면 산업 상황과 사회적 요구는 근본적으로 새로운 방식의 일을 하는 조직체를 요구하면서 영원히 변화하기 때문이다.

GM의 별도 브랜드의 분할 상의 구조는 회사를 꾸려오면서부터 발생했던 일들을 도와 왔다. 그러나 그것은 총 비용인상과 확산 제품, 각 복제 기능, 경화된 사일로로 전환된 부와 같이 시간이 지남에 따라 장애가 되었다.

드러커는 정보화 시대에서 산업적 회사들은 다르게 운영하는 방식을 가져야 한다고 이해했다.

그들의 도전은 빠르게 변화하는 세계에 번영해야 하는 조직체를 창조하는 것이다. 이 혼합된 신호들은 최소 요구사항의 민첩성과 성공 열쇠의 혁신을 만든다.

● 새로운 경제 힘

드러커는 드디어 시장에서의 경쟁이 미국의 세계화 경제적 우세에 도전할 것이라고 일찍이 경고했다. 그는 더 새로운 경제적 힘은 미국인 경영 수업을 채택 중에 있다는 것을 관찰했다. 그리고 미국인들은 그들의 경제 성장에 열망을 가진 국가에 열심히 소비하고 그의 소유한 아이디어를 넓게 퍼트림으로써 잊고 있는 중이라고 했다.

내가 일본 회사 옴론(Omron)에 조사를 위해서 교토에 갔을 때 그가 봐 왔던 것보다 멀리 앞서서 나는 힐끗 봤다. 그래서 나는 Super Corp을 모범적인 모델로 선택해 왔다. 옴론(Omron)의 지도자들은 드러커 이야기를 했다.

1959년에 드러커는 옴론(Omron)의 설립자, 카즈마 다데이시(Kazuma Tateis)를 방문했고 그가 회사를 위해 창조해 왔던 원칙들과 가치들에 대해서 감동을 받았다.

다데이시(Tateisi)는 사회의 요구를 감지하는 것부터 끊임없는 개선과 지속적인 혁신을 위한 훈련이 필요하다고 강조했다.

드러커는 만약 일본이 옴론(Omron) 같은 회사들이 있다면 곧 주된 산업적 힘이 될 것이라고 그의 아내에게 썼다.

놀랍지 않게도, 드러커는 자신의 일을 연구하는 사회를 점재하고 있는 국가에 있어서 영웅이다. 그는 부족주의로부터 협동조합주의로 이동, 그리고 기업에 기반을 둔 가족들로부터 전문적인 경영으로 이동하는 데 허가와 그 국가의 콘셉트를 지도자에게 줬다.

이것은 국제적 시장의 경쟁과 성장했던 회사들의 길을 닦을 수 있다.

효율의 증가로 전문적으로 실행된 조직체들은 중산층을 만들고 변화하는 정치 체제에 도움을 줬다.

● 세 번째 섹션

드러커는 자유주의를 옹호하는 미국인이며 동시에 권위주의에서 벗어나고 싶어 하는 오스트리안이었다. 그는 그들의 성공의 주요 지표에 대한 수익 또는 그들의 목적을 가장 크게 성취할 수 있는 방법에 중점을 두었다.

그는 이 섹션은 웰빙과 교육 그리고 건강을 증진하는 데 극히 중대한 역할을 하기 때문에 사람들이 번영할 수 있고 기업이 번성할 수 있는 필수적인 기초로써 자발적인 비영리 단체의 강력한 시민 사회를 옹호했다.

정부의 역할은 드러커의 글에서 더 애매모호하다.

비록 그것이 명백할지라도 그는 권력의 집중에 불신했고, 혁신보다는 오히려 강직성의 근원으로 관료를 봤다. 그는 회사의 고용인들에 의한 자발적인 행동을 믿었을 뿐만 아니라 사회적 목표를 성취하기 위한 비영리 조직체의 임무를 수행하도록 참여하고 시민들에 의한 자발적인 행동을 믿었다.

특히 지식근로자의 기여는 강제될 수 없다고 했다. 그는 기업은 금융 하단라인을 넘어 동기부여를 근원으로 비영리 부문으로부터 배울 수 있다고 느꼈다. 그는 또한 미국과 같은 국가는 지역사회 책임과 비영리 단체에 위험 투자를 소홀히 했다고 느꼈다.

● 들어야 하는 것

트렌드를 발견하는 드러커의 특별한 능력과 절박한 문제들을 예측하는 것은 마술이 아니었다. 그는 가설들을 테스트하는 것보다 스토리들을 발견하는 데 더 흥미를 가졌고 반응과 행동의 이야기들을 세웠다. 그는 사회의 맥락에 위치한 기업과, 그리고 점차 광범위한 목표를 가지는 조직체로 구성되어 가는 사회를 봤다.

몇몇 특별한 것보다 오히려 모든 타입을 관찰하였다.

그는 상호 의존성을 볼 수 있었고 다른 지역의 활동을 관찰하면서 한 지역에서 작은 변화에 대한 함축적인 의미를 발견했다.

그는 큰 변화에 대한 첫 번째 암시였던 마음의 동요에 대해서 민감하게 혁신자의 요령을 터득했다.

드러커는 자신의 시간을 가장 잘 관리하는 전문가였다. 그는 그것과 함께 살았지만 라벨은 싫어했다. 높은 지도자들은 그의 충고를 추구했고, 그의 책을 베스트셀러로 만들었다. 만약 그의 아이디어가 올바르게 입증된다면, 그다음에 적절한 행동을 방해하는 것은 무엇인가? 그리고 근본적으로 "내가 그렇게 말하지 않았느냐."라는 말은 매우 만족스럽지 않다.

확실히 드러커는 맹목적인 점들을 가졌다. 합리성은 그의 일을 분별 있게 또한 제한성을 만든다. 그는 논리의 영향력은 논쟁을 이기는 데 충분할 것이라고 느끼는 것 같았다. 그는 목표주의를 믿었고, 관리자들은 그들의 목표를 증명할 수 있는 올바른 길을 발견할 것이라고 생각했다.

그는 마치 목표에 의한 경영은 경영의 목표와 동등한 것처럼 노력과 장점은 번성할 것이라고 믿었다. 이러한 관점은 그를 편견의 판단을 왜곡하는 역할에 대해 덜 맞추게 된다. 그리고 순수한 탐욕과 권력추구, 남아 있는 종족 중심주의, 정체성 정치 그리고 고정관념 등이 여기에 포함된다.

비록 그가 유능한 비영리 지도자들에게 박수를 칠지라도 그는 정부와 사회의 리더십 계급에 승인을 위한 소수민족과 여성들의 투쟁을 절하했다. 그리고 재능 이상의 사회 유사성을 종종 선호하는 엘리트들을 보는 것에 실패했다.

그는 이슬람 국가들에 근본주의의 폭력적 강제, 그리고 미국 정치에 근본주의의 당파적인 힘을 포함한 사회에 긴장의 근원인 종교에 대해서는 말을 거의 하지 않았다. 드러커의 세계에서 감정은 아이디어들에 의해서 환성을 받고 그래서 그의 유산은 감정을 만드는 환경 또는 정치화하는 것에 대해서 우리에게 배워줄 수 있는 것은 거의 없었다.

일부 지도자들은 나머지 일부는 버리고 드러커의 직업으로부터 원한다는 메시지를 취했다. 목표에 의한 경영에 대해서 그의 아이디어들은 특별히 인기였다. 회사 목표와 조직체가 멈춰야 하는 것에 대한 단순한 질문들은 가망 없는 부서들의 분계에 영향을 받고 기업 유가증권을 형성하는 것을 도왔다.

그리고 또 다른 행동에 대해서 큰소리치는 것을 환영했다.

즉, 성과 측정과 분명한 목적이 있는 전문적인 경영 도구를 추가함으로써 하나의 조직체를 더 효과적이게 만드는 것을 말한다.

그러나 다른 동등하게 중요한 드러커의 지혜는 조직체에 충분히 깊게 침투하는 것에 실패했다. 그러한 메시지 중 하나는 기업 유가증권을 넘어 책임을 취하는 것이었다. 오로지 소수의 경영진들만이 드러커 설교를 들었고 또는 말뿐인 서비스의 범위를 넘었다.

드러커는 경영은 더 광범위한 책임들과 함께 명예로운 사명감을 가진다고 권고했다. 그는 또한 시스템에 도전을 위한 관리자들의 책임을 할당하는 것보다 오히려 해결책과 문제점의 근원으로 기본 시스템을 지적했다.

그리고 그는 지식 근로자들의 증가를 보여 줬다.

그는 그들을 명령과 제어될 수 없는 사람, 자신의 마음을 말하고 이용하는 사람이라고 말했고 그들의 조직체는 그들을 관리하는 최선의 방법인 충분한 지침서가 부족했다고 했다. 그는 변화를 믿었고 2000년 초반의 실패를 감독하던 그들 중 몇몇은 손실에 대한 교훈을 얻었다. 그리고 그 기업 유지비용으로 경영진의 보유를 영속시키는 데 이바지할 수 있는 설립에 대해 경고했다.

● 미래에 대한 지침

드러커는 빠르게 변화하는 정보화 시대와 유동성을 향한 방법을 이끄는 지력의 산업적 시대 사람이었다. 그는 명령화되는 기계가 아닌 사람들에게 권능을 부여하는 이점으로써 보았다. 그의 편견은 맹목적인 시장의 합리성이 아니라 '옳은 생각'은 그것을 바탕으로 목표

설정과 목적의 이해로부터 따라져야 하는 것이었다.

그는 합리성 이상으로 목적을 지지했다. 그는 그의 경력을 쉽게 유지할 수 있고 정의할 수 있는 조직체의 경계의 나라에서 시작했다.

그가 고려했던 경영의 본질인 목표 설정과 협동 작업은 수월했다.

제휴와 협력, 자의식 등이 강한 사업 에코 시스템, 그리고 자기 조직 네트워크, 경계는 오늘날의 세계에서 점점 흐려지고 있다.

협력 문제는 훨씬 더 어려워지고 있다.

그러나 한편으로 드러커의 관점은 더 가치 있게 만든다.

일을 유동적으로 할 때, 목적의 의미와 일반적인 가치의 설정은 사람들을 효과적으로 함께 일할 수 있게 한다. 만약 20세기에 깊은 전문적 기술을 가진 지식 근로자들이 증가한다면, 21세기는 전문 분야를 가로질러 협동과 통합적인 사고를 기를 수 있는 지도자들을 요구할 수 있다.

동등이 아닌 협동은 경영의 직무가 될 수 있다.

피터는 자신의 탄생 이후에 세기를 향한 진로에 대해서 무엇이라고 말했는가? 그는 결과에 대해서 옹호하는 것을 갈망하지 않았다.

그는 과정의 선생님이었다. 여전히, 우리는 미래 도전과 현재의 문제점에 대해 생각하는 방법을 구별하기 위해서 그의 일로부터 추정할 수 있다.

기업에 신뢰를 복원하기 위해서, 그는 규제 이상의 위험과 그것을 고수하려고 하는 것보다는 오히려 자체적으로 규정할 수 있는 관리자들을 청했었다(드러커는 기업 또는 정부의 권력의 집중화에 찬성하지 않았다).

그는 그들이 소유한 돈에 한도를 설정하는 몇몇 용기 있는 CEO들에게 박수를 보냈다.

그는 대중은 공정함을 찾을 것이라는 조건을 창조하고 보상 시스템을 개혁하는 데 연합, 그리고 동맹을 맺기 위한 경영진들을 요청하곤 했다. 그는 이사회 서비스에 대한 방법과 목표의 도구, 그리고 명백한 편파주의를 대체하면서 공공 회사의 관리자 파트에 전문성을 주장했었다.

나는 그가 노리아(Nitin Nohria)와 쿠라나(Rakesh Khurana) 교수들의 일로부터 대부분 얻은 2009년 졸업식 때 하버드 비즈니스 스쿨 학생들은 새로운 MBA 선서를 최초로 낭독하는 것을 권유했었다고 생각하고 싶다("진정한 직업을 관리하는 것은 시간이다" 2008, 10, HBR에서). 선서는 그들 자신보다 더 큰 끝을 위해서 책임의 관리자들을 상기시킨다.

건강과 교육을 개선하기 위해서, 그는 변화에 협동하는 시민 사회와 기업과 정부를 촉진시켰다. 그리고 사회 조직체를 포함한 전체 시스템을 봤다. 지구 온난화와 다른 환경적 문제에 대한 국제 협력을 위해서 그는 목적의 상식을 정의하는 주권을 넘어 생각하는 정부 지도자를 요청하곤 했다.

문제점의 긴장을 덜기 위해서 그는 시민사회의 발전을 지탱하고 미래의 기업을 세울 수 있는 기업가들을 투자힐 수 있는 부유한 국가의 정부에 대해서 주장했었다. 그는 비영리 단체는 번영과 희망에 대한 기반을 세울 수 있고 자발적인 행동을 자극할 수 있는 사회적 기업가들에 의해서 권장할 수 있다고 했다.

필수적인 드러커는 그가 자신의 경력을 통해서 강화하고 반복했던 세 가지 주제에 대해서 다음과 같이 요약할 수 있다.

① 관리는 직업이 되어야 한다. 그리고 경영진과 관리자들은 그들의 주요한 일은 그들의 조직체의 장기적인 건강을 위해 찾는 데 있다는 것을 명심해야 한다. 그것은 부가 아닌 웰빙을 위한 책임을 취하고 사회에 대한 그들의 장애물을 넘어 바라보는 것을 의미한다.

② 지식 근로자들은 통제될 수 없다. 그들은 동기부여가 되어야 한다. 이러한 고용인들은 개인적 이익보다는 더 의미 있는 목적을 봐야 한다. 게임이 오로지 돈에만 있다면, 가장 큰 몫을 잡는 데에만 호의적이기 때문에 사회 부동은 나빠질 수밖에 없다.

③ 비영리 단체는 좋은 사회를 생성하는 데 있어서 필수적인 구성 요소이다. 기업에 하나는 번성할 수 있다. 시민사회는 인간 욕구들을 충족시키는 데 있어서 정부를 보완하기 위해 일한다.

드러커는 혁명적이지는 않았다. 그는 단지 우리가 끊임없이 가정에 대해서 도전하기를 요청했다. 그는 장기비전과 끈기를 설명했다.
그는 변화하지 않는 것에 대한 판단뿐만 아니라 어떤 것들이 어디로 향하는지에 대한 통찰력은 혼란스러운 시대를 이끄는 데 요구된다고 인정했다.
그는 깊은 수령과 문제들을 가로질러 원활한 여행을 하기 위한 최상의 준비는 목적에 의미를 두는 것이 명백하다고 우리에게 상기시켰다.

Approximately 95 percent of us

have never written out our goals in life,

but of the 5 percent who have,

95 percent have achieved their goals.

John C. Maxwell

Stand up. Raise your arms.

Repeat after me;

I feel healthy !

I feel Happy !

I feel terrific !

W. Clement Stone

Life is short. We should think of what we can do for others. At the

end of our lives, we will know "Love is the most important virtue." If we can use our talents or abilities to help others, this world will be changed beautifully. If we don't change ourselves, no one else will be. No matter what others say to you, "Saving others lives" will change everything beautifully.

WORLD PEACE!

You have to pretend you're 100 percent sure.
You have to take action; you can't hesitate or hedge your bets.
Anything less will condemn your efforts to failure.

Andy Grove

Swim upstream
Go the other way.
Ignore the conventional wisdom.
If everybody else is doing it one way,
there's a good chance you can find your niche by going in exactly the opposite direction.
But be prepared for a lot of folks to wave you down and
tell you're headed the wrong way.
I guess in all my years, what I heard more often than anything was:
a town of less than 50,000 populations cannot support a discount store for very long.

Sam walton

The reasonable man adapts himself to the world:

the unreasonable one persists in trying to adapt the world to himself.

Therefore, all progress depends on the unreasonable man.

George Bernard Shaw

제6강

낭독 훈련

낭독 훈련

1. 고희연 가족대표 인사

반갑습니다.

저는 오늘의 주빈이신 ○○○ 선생님의 첫째 동생 ○○○입니다.

오늘 바쁘신 가운데에도 불구하고 저의 형님 고희연을

빛내 주시기 위하여 찾아 주신

내빈 여러분께 가족을 대신해서

감사를 드립니다.

정말 와 주셔서 고맙습니다.

저희 형님은 그동안 부모님을 잘 모시면서도 ○○남매를 잘 키우셨으며 저를 비롯한 형제들을 희생적으로 잘 이끌어 주셔서 모두가 잘 살고 있답니다.

그런 가운데서도 재산도 많이 늘리고 집안 간에도 화목을 이루는 데도 큰 공헌을 이룩하셨습니다.

동생이지만 저의 형님이야말로 진정한 애국자라고 생각합니다.

아무쪼록 더욱 건강하셔서 남은 인생을 보다 행복하고 보람 있게 사시기를 바랄 뿐입니다.

저희들이 작은 정성이나마 조촐한 자리를 만들었으니 좋은 시간이 되시기 바랍니다. 그리고 여흥시간도 마련하였으니 더욱 즐거운 시간 보내시기 바랍니다.

감사합니다.

2. 인용화법

　타인의 말이나 글 중에서 필요한 부분을 끌어다 씀으로써 글의 뜻이나 말의 내용을 더욱 분명히 하는 매우 쉬우면서도 효과적인 수사법입니다.

　속담이나 고사성어, 명언, 명구 타인이 경험담이나 자신의 경험담을 인용하여 말한다면 훌륭한 연설을 하게 되며 청자를 감동시킬 수 있게 됩니다.

　그런 내용들을 보다 실감나게 표현한다면 보다 재미있는 표현기술자가 될 것입니다.

　연설은 온갖 경험의 진수라는 말이 있듯이 삶 속에서 진하고 스릴에 넘치는 경험담을 인용하여 연설을 한다면 청자를 감동과 흥분의 도가니로 몰고 갈 것입니다.

　실패의 경험담이나 성공의 경험담은 모두가 좋은 연설의 재료가 될 것입니다.

3. 창조회 회원 여러분!

여기에 있는 ○○○은 과거에는 연설을 못하여 연단에 나간다는 것은 소가 도살장으로 끌려가는 심정 그 자체였습니다.

세계적으로 유명한 크라이슬러 자동차의 회장인 아이아코카도 대중 연설을 못하여 카네기 연수원에서 교육을 받고 이제는 명 연설가가 되었습니다.

세계적으로 유명한 미국에 레이건 대통령도 대중공포증에 시달려 고민을 했던 시절이 있었으며 한국의 씨름의 대명사 이만기 선수와 홈런타자였던 김봉연 교수가 연설공포가 있을 것이라고는 아무도 생각을 못했을 것입니다.

울산대학교 체육 첫 강의 때 얼마나 떨었던지 천하장사 이만기 선수도 교단에서 떨었다고 신문에까지 나왔습니다.

이와 같이 대중연설에 공포증이 있는 사람에게 말해 준다면 용기와 자신감을 불러일으켜 줄 것입니다.

4. 꼴찌 정신으로 적극적인 인생을

인간은 누구나 미완성으로 태어납니다.

그렇기 때문에 보다 완전해지려는 교육적 사명을 가지고 있습니다.

불완전한 과정을 거치면서 보다 성숙해지고 자연스러워지는 것입니다.

완전이라는 고지를 가는 데는 불완전이라는 과정을 필수적으로 거쳐야 합니다.

그런데 불완전한 사람일수록 과정마저도 완전을 요구합니다.

지나친 완전욕은 무능한 사람을 만들어 버립니다.

저는 그동안 너무나도 자존심이 강하고 소심하여 남에게 실수하는 모습을 보여 주지를 못했습니다.

그러나 인간은 미완성적인 존재이기 때문에 완전한 사람은 이 세상에 하나도 없다고 생각합니다.

그리고 처음부터 잘하는 사람도 없습니다.

꼴찌도 아무나 하는 것은 아닙니다.

우리에게는 꼴찌할 자유가 있습니다.

꼴찌하고 싶다고 아무나 꼴찌하는 것은 아닙니다.

지금 꼴찌한다고 영원히 꼴찌하는 것은 아닙니다.

보십시오.

2002년 월드컵에서 우승국이었던 프랑스가 16강에서 탈락하였으나 48년 동안 단 한 게임도 이겨 보지 못한 한국이 4강에 올라갔습니다.

창조회 회원 여러분 여러분은 꼴찌할 각오를 가지고 열심히 하다 보면 어느 날 1등의 영광을 차지할 것입니다.

창조회 신입회원으로 오신 ○○○ 님!

오늘은 비록 부족하시지만 세미나 과정을 열심히 거치다 보면 어느 날 ○○○ 님이 1등 연사가 되실 것입니다.

잘 오셨습니다.

5. 대통령 취임사

친애하는 ○○만 국민 여러분!

부족한 저를 ○○대 대통령으로 뽑아 주신 국민여러분과 저와 같이 선의의 경쟁을 해 주신 타 후보들께 감사를 드리며 저의 부족과 미숙함을 걱정해 주신 국민 여러분들께 진심으로 고개 숙여 감사를 드립니다.

국민 여러분의 애국 어린 말씀을 늘 가슴속에 새기겠습니다.

그리고 타국에 계신 해외 동포 여러분!

우리는 5000년 이상의 역사를 가지고 있는 단일 민족입니다.

그동안 우리 민족은 다양한 시대를 거쳐 왔습니다.

만주벌판을 호령하던 고구려시대를 비롯하여 가장 고난을 겪었던 일제 식민통치시대 그리고 동족상잔의 6·25전쟁 남북분단의 아픔 등등을 겪으면서 이제는 세계 12권의 경제 대국으로 성장했습니다.

2002년 월드컵 4강 신화 및 2004년 28회 아테네 올림픽 9위라는 성과를 거두어 낸 민족입니다.

우리는 이제 우리 자신의 잠재적인 발전 가능성을 온 국민이 이미 확인을 했습니다. 그래서 저는 우리 국민의 가능성과 위력을 믿습니다.

우리 국민의 단결력을 믿습니다. 지혜를 믿습니다.

우리 국민의 선진국 도약을 믿습니다. 기적을 믿습니다.

우선 어려운 나라를 이끌어 온 역대 대통령 노고에 치하를 드립니다.

이제 우리 대한민국 국민은 새 시대를 열어야 합니다.

우리는 한반도 국민이 아니라 지구촌 국민입니다.

이제 우리는 세계 1등 국민이 되어야 한다는 목표의식을 사명감으로 가져야 합니다.

그리고 우리는 작은 국민이 아니라 세계 1등 국민입니다.

작은 이해관계 때문에 안에서 아옹다옹하면서 싸우는 국민이 아니라 세계 역사의 주인공이 되어야 합니다.

저와 국민 여러분의 사명은 오직 선진조국 건설입니다. 우리는 충분히 해낼 수 있는 능력을 가지고 있습니다.

이제 우리는 그 목표를 달성하기 위해서 마음과 정신을 모아야 합니다.

우리 대한민국 주식회사가 잘되기 위해서는 국민 한 사람 한 사람의 힘과 개성이 모아져야 합니다. 과거를 탓하고 원망할 시간이 없습니다.

남을 미워할 시간이 없습니다. 과거를 청산할 시간이 없습니다.

온 국민이 발전과 도약을 기다리고 있으며 무한한 가능성이 애타게 우리에게 손짓 하고 있기 때문입니다. 전 세계가 우리와 경쟁하고 있기 때문입니다.

경쟁에서 뒤진 민족은 비참한 민족으로 전락되기 때문입니다.

과거 역사는 모두가 우리가 우리를 지키지 못했기 때문에 생긴 일이기 때문입니다.

친일한 사람이든 반일한 사람이든 반공을 한 사람이는 친공을 한 사람이든 간에 모두가 힘을 모아야 합니다.

청산의 오직 하나에 길은 미래의 아름다운 조국건설이며 세계복지와 세계평화의 기여하는 길이라고 생각합니다.

친애하는 국민여러분!

저나 여러분 모두의 목표는 하나입니다.

선진국 도약을 위해서 최선을 다하는 삶인 것입니다.

그것은 오직 이타적인 정신으로 남을 신바람 나게 하여 자신을 신바람 나게 하는 생활이라고 생각합니다.

저는 부족합니다.

그러나 현명하고 훌륭한 대한민국 국민이 있습니다.

그리고 조국을 위하여 목숨을 바친 조상님들의 혼령이 우리를 지켜 주고 있습니다.

세계가 우리의 새로운 변화와 발전을 기대하고 있습니다.

저는 오직 대한민국에 선진도약을 위하여 모든 것을 바치겠습니다.

감사합니다.

201 년 월 일 ○○대 대통령 ○○○

6. 쓰리M 시대

어린아이는 엄마의 젖줄에 매달려 살고 인간은 강줄기에 매달려 살고 있습니다. 나일 강에서는 이집트의 문명이 발생했고, 티그리스 강변에선 메소포타미아의 문명이 발생했으며, 인더스 겐지스 강가에선 인도의 문명이 발생했고, 황하, 양쯔 강가에서는 중국의 문명이 발생했습니다.

옛날이나 오늘이나 어린이는 엄마의 품에 안겨 살아야 하고, 인간은 물을 무서워하면서도 물을 떠나서는 살 수 없습니다.

그러나 인간의 마음은 늘 강에만 정착했었던 것은 아니었습니다.

농사를 짓고 나면 예술과 철학 문예를 즐겼고, 전쟁이 휘몰고 간 뒤엔 잘살아 보려는 인간의 의지가 샘솟았던 것입니다.

고대의 인간은 철학을 먹고 사는 시대였으며, 중세는 종교 속에 명상하는 시대였고, 근대는 인간이 자신을 얻어 하늘에 별이라도 따 올 수 있다고 큰소리친 낭만의 시대였습니다.

그렇다면 20세기의 오늘에 사는 우리는 무엇을 위해 산다고 하겠습니까? 어떤 사람은 "쓰리S" 시대라 하여 스크린(SCREEN), 스포츠(SPORTS), 섹스(SEX), 즉 영화와 운동경기와 성의 시대라 합니다.

그러나 보다 적절한 표현이 있다면 "쓰리M" 시대라 하겠으니,

첫째로 머니(MONEY),

둘째 매스컴(MASS COMMUNICATION),

셋째 머신(MACHINE) 등으로

돈과 대중전달과 기계화의 문제인 것입니다.

7. 언젠가 내 시대가 온다

언젠가 내 시대가 온다!

나는 이 말을 특히 젊은이들에게 보내고 싶습니다.

오스트리아의 식물학자 멘델은 비엔나대학에서 자연과학을 연구하고, 부륜에 돌아와서 수도원 원장이 되었습니다.

그는 수도원의 정원에서 콩을 재배하여 유전을 연구하고, 마침내 멘델의 법칙을 발견했습니다.

그 유전법칙을 여러 번 학회와 학보에 발표했지만, 학자들의 주목을 끌지도 못했고, 세상의 인정을 받지도 못했습니다.

진리가 땅에 묻힌 채 그는 실의 속에 세상을 떠났습니다.

그러나 멘델에게는 확고부동한 자신이 있었습니다.

나의 유전법칙은 확실히 진리다. 반드시 인정되는 날이 있을 것이다. "언젠가는 내 시대가 올 것이다."

얼마 후 여러 학자들의 실험결과, 멘델의 법칙은 과학적 진리로서 인정을 받았습니다.

그의 말대로 그의 시대가 온 것입니다.

인간에게는 득의의 시대와 실의의 시대가 있습니다.

모든 일이 뜻과 같이 되는 때가 있고, 뜻과 같이 되지 않는 때가 있습니다.

시인 롱펠로우가 "인생의 찬가"에서 노래했듯이 사람은 기다릴 줄을 알아야 합니다.

실의의 시대에는 인내 속에 기다릴 줄 알아야 합니다.

그와 동시에 "언젠가는 자기의 시대가 반드시 오리라"는 자신을 가지고, 그 날을 위해서 꾸준히 준비하고 힘을 길러야 합니다.

실력이 있는 자만이 자기의 시대가 왔을 때, 그 기회를 포착하여 힘차게 일할 수 있습니다.

실력이 없는 자는 자기의 시대가 와도 그 기회를 절대로 붙잡지 못합니다.

개인이건 단체이건 민족이건 실력의 축적이 가장 중요합니다.

"언젠가, 내 시대가 온다!"

우리는 멘델의 이 말에 용기를 얻고 그날을 위해서 힘을 준비해야 합니다.

8. 동창회

이렇게 친하고, 낯익은 얼굴을 대하고서 새삼스럽게 정식으로 인사한다는 것도 우습고 동창회만큼 서먹서먹하고 거북스러운 파티도 없습니다.

그러나 기분은 만점, 대단히 유쾌한 모임입니다.

사장도, 박사도, 장관도 여기선 통하지 않습니다.

이류를 막론하고 차별은 없습니다.

동창이란 이런 것, 이것이야말로 진정한 데모크라시가 아니고 무엇이겠습니까?

홍안의 미소년이 코끝에 수염을 달고, 가냘픈 소녀가 두셋의 어린애 어머니가 된 걸 보면, 나도 내 자신이 할아범(할멈)이 되는가 하는 생각이 듭니다.

내 자식이 벌써 중학생…… 참으로 감개무량합니다.

꿈과 같은 시절, 커다란 이상도 갖고 있었지만, 몇 번 인생의 산과 바다를 넘다 보니 이젠 그것도 바람에 날려 보냈습니다.

벌써 지난날을 생각한다는 것은 지나친 것일까요?

아니 앞날은 양양합니다.

인간의 수명은 길어졌습니다.

그래서 인생은 40부터라고도 하지 않습니까?

앞으로도 반드시 1년에 한 번씩은 만나고 싶습니다.

그립고 즐거운 오늘을 맞아 제멋대로 이야기한 것에 사과를 드리며, 천천히 술잔을 들면서 차례로 지난 이야기, 숨겨 놓은 재주를 서로 털어놓읍시다.

9. 호감형성의 기술

호감형성의 마지막 단계는 지속적인 인간관계 속에서 형성된다.
어떻게 호감을 형성할 수 있는지 알아보자.

1년 전 C대학에 '리더십과 인간관계'를 주제로 1학기 동안 강의를
하였다. 종강 후에 출석부, 시험답안지, 과제물 등을 가지고 학점을
매기는데 학생들에게 느껴지는 호감도가 천차만별이다.

객관적으로 성적을 주려고 노력하지만 판단이 애매모호한 경우에
는 호감, 비호감에 따라 조금씩 평가가 달라지게 된다.

무엇을 기준으로 어떤 학생에게는 호감이, 어떤 학생에게는 비호
감이 형성된 것일까?

사회에서 호감 가는 사람들을 유형별로 정리하면 7가지가 된다.

이것을 다르게 말하면 매력 포인트라고 이야기할 수 있다.

나만의 매력 포인트가 있어야 호감 가는 사람, 끌리는 사람이 된다.

나는 어떤 매력 포인트가 있는지 생각해 보고 가급적 많은 매력 포
인트를 갖출 수 있도록 노력해야 호감을 형성할 수 있다.

● 얼짱

얼짱은 잘생기거나 예쁜 얼굴만을 의미하지는 않는다.

밝은 표정과 환한 미소가 가장 좋은 얼짱이다.

지하철을 타거나 길거리를 지나며 살펴보면 대다수의 사람들은 무
표정이나 지친 표정, 화난 표정을 하고 있다.

이런 표정은 호감을 얻지 못한다.

얼짱이 되려면 무엇보다 긍정적인 마인드를 가져야 한다.

마음으로 웃지 않고 입으로만 웃으면 가식이 된다.

얼짱이 되려면 먼저 긍정적인 마인드를 가져라.

● 몸짱

몸짱은 팔등신이나 근육질 몸매를 의미하지 않는다.

자신감 넘치고 당당한 자세를 지닌 사람이 몸짱이다.

사회에서 보면 거만한 태도를 취하거나 맥없는 자세를 보이는 사람이 많은데 이런 사람은 호감을 형성하기 어렵다.

몸짱이 되려면 어깨, 허리를 곧게 펴고 몸을 바르게 해야 한다.

배를 집어넣고 엉덩이를 당겨라.

턱도 몸 쪽으로 조금 더 당기고 시선은 정면이나 약간 높은 지점을 바라보라.

● 맘짱

맘짱은 다른 사람을 잘 배려하고 겸손하며 이해심 많은 사람이다.

궂은일에 먼저 솔선수범하고, 자신의 이익보다는 다른 사람에게 먼저 베풀어 주는 사람이다.

다른 사람의 잘못이나 실수는 눈감을 줄 알며 자신의 잘못이나 실수는 사과할 줄 아는 사람이다.

태어날 때부터 맘짱인 사람도 있겠지만 그런 사람은 많지 않다.

맘짱이 되려면 평상시에 다른 사람에게 관심, 공감, 배려하는 습관

을 들여야 한다. 훈련과 노력이 몸짱을 만들 듯이 맘짱을 만드는 것
도 노력과 반복이다.

● 배짱

배짱은 용기 있는 사람이다.

실패를 두려워하지 않고 열정과 도전정신으로 실천하는 사람이다.

남의 눈치를 보지 않고 자신이 옳다고 믿는 것을 행동으로 옮기는
사람이다.

실패했을 때 좌절하지 않고 다시 도전하는 사람이다.

사람은 누구나 배짱이 두둑한 사람을 좋아한다.

● 말짱

말짱은 말을 잘하는 사람이다.

긍정적인 말, 적극적인 말, 따뜻한 말, 유머를 잘하는 사람이 말짱
이다. 항상 다른 사람을 칭찬하고 용기를 북돋아 주며 꿈과 희망을
이야기하는 사람이 말짱이다.

사람들은 부정적인 말, 차가운 말, 뒷담화를 하는 사람을 싫어한다.
대화를 할 때는 상처를 주는 차가운 말을 하지 말고 따뜻한 말을 하라.

● 일짱

일짱은 일을 잘하는 사람이다.

자신의 분야에 전문성 있는 사람, 맡겨진 일에 최선을 다한 사람, 불
평불만 없이 일하는 사람, 자신의 분야에 최고가 되려고 노력하는 사

람이 일짱이다. 사람은 누구나 전문성 있고 유능한 사람을 좋아한다.

● **꿈짱**

꿈짱은 꿈이 큰 사람이다.

가치 있는 비전을 가진 사람이다.

함께 이뤄 보고 싶은 목표를 가진 사람이다.

꿈이 있는 사람은 아름답다.

사람들은 꿈이 없거나 작은 사람보다는 큰 꿈을 가진 사람에게 호감을 가진다.

사회에서 호감 가는 사람이 되려면 반드시 한 가지 이상의 호감 요소를 갖춰야 한다. 호감 가는 7짱이 될 수 있도록 꾸준하게 노력해 보자.

10. 건강해야 행복하다

장효영*

"재물을 잃는 것은 조금 잃는 것이요, 명예를 잃는 것은 많은 것을 잃어버리는 것이다. 그러나 건강을 잃으면 모든 것을 잃어버린다."라는 명언이 있다.

현대의학이 고도로 발달했으나 통계적으로 보면 암의 발생률은 해마다 높아져 가고 있다.

1981년 이후의 통계를 보면 사망 1순위가 계속 암으로 나타나고 있다. 암이란 악성종양을 지칭하는 것으로 무한정 분열하는 돌연변위 세포이다. 암을 비롯한 모든 병은 미리 예방하는 것이 최선의 방법이라 하겠다. 건강관리를 잘하고 건강해지기 위해서 한 가지는 반드시 금해야 하고, 두 가지는 적게 해야 하고, 세 가지는 많이 해야 하는 1금, 2소, 3다(一禁, 二少, 三多)의 건강법을 생활화하는 것이 좋다.

1) 一禁: 금연이다. 담배는 무조건 금해야 한다.

담배 연기 속에는 니코틴, 타르, 일산화탄소, 벤조피렌 등 40여 가지 독성 화학물질이 들어 있다. 담배를 빨 때 담배가 타는 순간 온도는 2,000℃로, 일산화탄소가 발생하는데 일산화탄소는 산소보다 200배 강하게 헤모글로빈과 결합하여 산소 공급을 차단함으로 빈혈에 걸리고,

---

광제한의원 원장. 경희대학교 자연치유학과 박사과정 졸업. 창조회포럼 회원.

스피치의 비밀

니코틴 타르 성분이 혈관에 쌓여서 동맥경화를 일으키게 된다.

담배는 폐암, 후두암, 호흡기병 외에 모든 암의 원인이 되는 것으로 밝혀졌다. 폐암 발생률을 보면 담배를 하루에 한 갑 피우는 사람은 보통 성인의 6배, 담배 2갑을 피우는 사람은 보통 성인의 12배나 많은 숫자가 암에 걸리는 것으로 나타났다.

니코틴, 타르 성분이 뇌혈관을 막으면 중풍의 원인이 되기도 한다. 담배는 위궤양, 12지장궤양, 심근경색, 협심증 등 심장병의 원인이 되기도 한다. 담배는 이렇게 건강에 가장 큰 위해 요소를 주기 때문에 당연히 금연해야 한다.

2) 二少: 소식 · 소음주(少食 · 少飮酒)이다.

① 소식을 해야 한다.

암자(癌字)를 풀이해 보면 입이 세 개가 되도록 산같이 많이 먹어서 병이 된 것이라고 풀이할 수 있다.

음식물의 과다 섭취는 우리 몸에 활성산소를 생성하여 각종 성인병, 암의 원인이 될 수 있다.

과도한 음식, 기름에 튀긴 음식, 인스턴트식품의 섭취는 암 발생의 중요한 원인 중 하나이다. 유해식품 첨가물과 각종발암물질의 섭취 등이 체내에 돌연변이 세포를 발생하게 하는 원인이 된다.

대표적인 발암물질로는 탄 음식에 들어 있는 헤테로 싸이클릭아민(Hetero cyclicamin)과 햄이나 어묵 등에 들어 있는 니트로소아민(nitrosoamin) 등을 들 수 있다.

헤테로 싸이클릭아민은 대장암, 방광암의 주요 원인 물질이 되고, 니트로소아민은 우리나라에서 많이 발생하는 위암의 주요 원인 물질이다.

따라서, 육류섭취를 절제하고, 먹을 때에도 태우거나 튀기지 않고 담백한 조리방법을 사용하여 꼭꼭 씹어 먹는다면 발암인자에 대한 노출을 최대한 줄일 수 있는데, 너무 짜지 않고, 너무 맵고 뜨거운 음식을 피하는 담백한 식생활을 하는 것도 발암인자에 노출되는 것을 막는 방법 중 하나이다.

식이요법의 원칙은

첫째, 인스턴트 음식을 가급적 피할 것,

둘째, 너무 기름진 음식을 먹지 말 것,

셋째, 백색음식인 흰 쌀밥, 흰 밀가루, 백설탕 등을 가급적 피해야 할 것이다.

그러면서 음식을 천천히 오래 씹어 먹고 소식하는 습관은 암을 예방하는 중요한 방법이라고 할 수 있다. 침 속에는 발암물질을 해독한다고 알려진 항산화 물질인 Peroxidase가 들어 있다.

② 음주는 적게 해야 한다.

근래에 보고된 몇 가지 역학적 연구결과들에 의하면 과음집단에서 원발성 간암, 구강암, 후누암, 식도암, 대장암, 유방암 등이 빈발하는 것으로 알려지고 있다.

하루 한두 잔 정도의 자신의 몸에 맞는 음주는 건강에 도움이 되는 음주법이 되겠으나 과음하면 간장병, 위장병, 고혈압, 중풍 등 각종 질병 발생의 도화선이 될 것이다.

3) 三多: 다동 · 다소 · 다보시(多動 · 多笑 · 多布施)이다.

몸을 많이 움직여 운동을 하고, 많이 웃고, 남을 위하여 많이 베풀어야 한다는 내용이다.

① 암을 비롯한 각종 질병의 가장 큰 원인이 운동부족이라는 학자의 견해들이 있다.

운동부족은 체세포를 약하게 하고 면역력을 떨어뜨리므로 암을 비롯한 각종 질병에 쉽게 걸리게 된다.

현대인들은 사무적인 정신노동이 많아서 운동부족으로 신진대사를 저해하여 결국 암이 잘 발생하는 환경을 초래하는 것이다.

암세포는 산소공급이 원활하게 이루어지지 않는 저산소 세포라는 특징을 가지고 있다. 운동부족으로 체내 산소 공급률이 떨어져서 기혈 순환이 잘 되지 못하면 암 발생 및 진행의 큰 원인이 되는 것이다.

적절한 운동과 가벼운 등산, 요가나 단전호흡을 하는 것은 혈액 순환을 촉진하고 양질의 산소를 세포에 공급하여 신진대사가 잘되게 하고 노폐물의 배설을 촉진하여 우리 몸이 건강하고, 활기 넘치는 환경으로 만든다.

② 스트레스가 여러 가지 암을 비롯한 질병의 큰 원인이다.

갑자기 심한 정신적 충격을 받았거나 마음의 불안과 절망 그리고, 각종 정신적 스트레스를 받게 되면, 뇌하수체 전엽과 부신호르몬 분비에 불균형이 일어나서 혈액이 산성화되고 온몸은 산소부족 상태에 빠지게 된다.

만성적인 스트레스에 노출되면 인체 세포 안의 염색체 이상이 초래될 수 있다고 한다. 염색체의 이상은 발암의 중요한 원인이 되고, 오장육부의 기능을 약화시켜서 질병이 생기게 된다.

이러한 스트레스를 잘 풀어 주어야 되는데 스트레스를 푸는 방법으로는 적절한 운동, 요가와 명상, 각종 취미 활동 등이 좋고, 많이 웃는 것이 가장 좋다.

웃음은 뇌하수체에서 모르핀보다 200배나 효과가 강한 엔도르핀을 분비시켜서 암환자의 통증을 감소시켜 주고, 기분을 좋게 만들어 준다.

그리고 인터페론감마가 200배나 증가해서 우리 몸속의 면역력을 크게 높여 준다. 부신에서 부신피질호르몬을 분비하여 염증을 치료해 주고, 혈액 내에 스트레스 호르몬인 코티솔을 감소시켜서 스트레스를 풀어 주는 효과가 있다.

그리고 혈액 속으로 많은 산소를 공급하여 혈액순환을 촉진시키고 오장육부, 특히 심폐 기능을 강화시켜서 암을 예방하고 치료하는 효과가 있고 각종 질병 치료에 도움을 준다.

18년간 웃음의 의학적 효과를 연구해 온 미국의 리버트 박사는 "웃음을 터뜨리는 사람에게서 피를 뽑아서 분석해 보면, 암을 일으키는 종양세포를 공격하는 킬레세포(Killer cell)가 많이 생성되어 있음을 알 수 있다."고 발표하였다. 웃음은 큰 소리로 웃는 것이 좋은데 억지로라도 기운차게 온몸으로 크게 웃는 것이 효과적이다.

③ 보시, 즉 베푸는 마음은 건강을 좋아지게 만들지만, 지나친 욕심은 건강을 크게 해치게 된다.

극도로 건강이 악화되어서 죽음 직전까지 간 사람이 남을 위해 많이 베풀었더니 건강이 회복된 예가 많다고 한다.

그 대표적인 인물이 록펠러이다.

록펠러는 53세에 세계적인 큰 부자가 되었는데 건강이 극도로 나빠져서 죽게 될 지경이 되었다. 그때 한 의사의 조언으로 돈독이 올라서 건강이 나빠진 것을 깨달았다. 그 이후에 국가 사회적으로 많이 베풀었는데 그 후에 건강이 회복되어 98세까지 장수했다고 한다.

남에게 베푸는 것에는 물질적, 금전적인 베풂이나, 남을 도와 봉사하는 일, 한 마디의 따뜻한 위로의 말을 해 주는 것들이 의학적으로 베풀어 주는 나 자신의 몸속에 세로토닌, 베타 엔도르핀, 노에피네피린 등 좋은 호르몬이 많이 분비되고 나 자신의 기혈 순환을 좋게 하여 건강에 좋은 작용을 해 주는 것이다.

결론적으로 一禁, 二少, 三多의 건강법으로 암을 예방하고 치료하는 데 도움을 줄 뿐만 아니라 건강하고 행복한 삶을 영위해 나가는 비결이 될 것이다. 건강을 잃어버린 사람은 그 어떤 일로 제대로 할 수가 없다. 건강을 잃으면 모든 것을 잃어버린다. 건강해야만 행복해질 수가 있다.

11. 긍정적인 생각을 하는 사람이 행복하다

장효영

  교도소 감방에 갇혀 있는 두 사람이 교도소 창살을 통해서 밖을 내다보고 있었다. 한 사람은 진흙탕을 보았고, 다른 한 사람은 별을 보았다. 한 사람은 절망적인 현실을 본 것이고, 한 사람은 희망적인 미래를 본 것이다.

  "행복의 문 하나가 닫히면 다른 문은 열린다. 그러나, 우리는 종종 너무나 오랫동안 닫힌 문만 보고 있으므로 우리에게 열려져 있어 왔던 그러한 문은 보지 못한다." 이러한 속담은 우리에게 행복에 있어서 극히 중요한 하나의 특질을 보여 주고 있다.

  다시 말하면 사물의 밝은 면을 볼 수 있는 능력, 근심과 실패를 곰곰이 생각하지 않는 능력을 보여 준다. 연구자들은 많은 사람들이 현실에 대한 부정적 견해를 갖거나, 절망적인 생각에 사로잡혀 있기 때문에 불행하다는 사실을 입증했다.

  같은 유리잔에 물이 반쯤 차 있는 것을 보고 긍정적인 사람은 유리잔의 물이 아직 절반이나 차 있다고 보지만, 부정적인 사람은 물이 절반밖에 남아 있지 않다고 생각한다. 긍정적인 생각은 불가능을 가능하게 해 준다. 그래서 행복해지게 되는 것이다.

  긍정적인 생각, 적극적인 생각, 사물의 밝은 면을 보는 사람이 행복한 사람이다. 행복한 얘기를 하는 사람은 행복한 사람이고, 불행한 얘기를 하는 사람은 불행한 사람이다. 자신의 일을 보람으로 아는 사람은 행복한 사람이고, 자신의 일을 의무로 아는 사람은 불행한 사람이다.

차를 탈 수 있는데 걷는 사람은 행복한 사람이고, 걸을 수 있는데 차를 타는 사람은 불행한 사람이다. 잠자리에 들어서 그날 있었던 일 중 좋았던 것만 생각하며 자는 사람은 행복한 사람이고, 속상한 일만 떠올리며 자는 사람은 불행한 사람이다.

언제나 싱글벙글 웃으며 말하는 사람은 행복한 사람이고, 언제나 불만으로 투덜거리는 사람은 불행한 사람이다. 자신에게 엄격하고 남에게는 후한 사람은 행복한 사람이고, 자신에게는 후하고 남에게는 가혹한 사람은 불행한 사람이다.

누구에게나 배우려고 하는 사람은 행복한 사람이고, 자신이 만물박사라고 생각하는 사람은 불행한 사람이다. 해야 할 일이 많음을 긍지로 생각하는 사람은 행복한 사람이고, 불만으로 느끼는 사람은 불행한 사람이다.

좋아하는 사람이 많은 사람은 행복한 사람이고, 미워하는 사람이 많은 사람은 불행한 사람이다. 이 말들은 부정적인 생각을 가진 사람은 불행한 사람이고 긍정적인 생각을 가진 사람이 행복하다는 것을 나타내 준다.

성당건물을 짓고 있는 사람들이 있었다. 그들은 매일매일 무거운 벽돌을 짊어지고 날라서 한 층 한 층 쌓아 올리는 것이 힘들어 보였다.

그들 중 한 사람에게 "당신은 왜 이 일을 합니까?" 하고 물었다.

그러자 그 사람은 "일을 해야 가족들을 먹여 살릴 수 있으니 어쩔 수 없이 힘들고 괴로워도 일을 해야만 합니다."라고 대답했다.

다른 한 사람에게 "당신은 왜 이 일을 하지요?" 하고 질문을 했다.

그 사람은 "나는 이 일을 해서 가족들을 부양할 수 있어서 좋아요. 더 좋은 것은 내가 이 지역의 훌륭한 성당을 짓는 일을 하는 것이 정말 자랑스러워요."라고 말했다.

이 두 사람은 똑같은 일을 하면서 한 사람은 의무감 때문에 마지못해 일을 해야만 하는 부정적인 생각을 갖고 있는 불행한 사람이다.

반면에 다른 한 사람은 자신의 일을 하기 때문에 가족들의 힘이 되어 줄 수 있고, 무엇보다 성당을 짓는 성스러운 일을 자신이 하고 있다는 긍정적인 생각을 하는 행복한 사람이다.

후자처럼 자신이 어떤 위치에서 무슨 일을 하든지 간에 자신의 일을 보람된 일로 생각하고, 자신이 일을 함으로 가족에게 도움이 되고, 남을 위해 봉사하는 즐거운 일로 생각하는 사람은 행복한 사람이다. 인생을 살아가면서 긍정적, 적극적인 생각으로 행복한 삶을 스스로 창조해 나가도록 해야 할 것이다.

12. 조선 왕들의 질병을 통해 본 건강관리

장효영

조선시대 당시의 최고의 의료혜택을 받았던 사람들이 조선왕들이라고 할 수 있는데, 태조부터 순종까지 조선 역대 27명의 왕들 중 질병 없이 건강했던 왕은 영조 임금 외에는 없었으며 평균 수명은 47세밖에 되지 않았다.

조선 왕들에게 가장 흔하면서도 치명적인 질병은 손을 안 씻는 데서 비롯된 '종기'였다. 문종의 경우 종기가 심해 환부에 고약이나 거머리를 붙였고, 종기 때문에 고생한 조선왕은 문종과 수종 등 6명이나 된다. 왕들의 수명이 짧았던 큰 이유로 영양 과다섭취, 운동 부족, 주색 과도로 인한 정력낭비, 과로 등이다.

세종대왕은 젊은 시절 육류 없이는 식사를 못할 정도로 육식을 즐겼으나 사냥 등 운동을 싫어해 비만한 체구였다. 35세 이후 소갈이 심해 하루에 물을 한 동이 넘게 마실 정도였다는 기록으로 보아 당뇨병을 앓았던 것으로 추정된다.

그는 합병증으로 당뇨 망막병증(눈병)을 앓았고, 두통과 이질, 부종, 수전증 등 잔병을 달고 살아 "한 가지 병이 겨우 나으면 한 가지 병이 또 생겨서 피로함이 심하다."고 한탄했다. 눈병도 조선왕들이 앓았던 대표적 질환이었다.

'마음의 병'도 왕들을 많이 괴롭혔던 것으로 보인다. 효성이 지극했던 인종은 아버지 중종의 상중(喪中)에 너무 슬퍼한 탓으로 왕에 오른 지 8개월 만에 사망했다고 기록됐다.

숙종은 "노심초사해 수염이 하얗게 세고 느긋하지 못한 성격으로 닥친 사무를 버려 두지 못하며, 식사도 때를 어겨 초췌하고 현기증이 있다."고 말해 '워커홀릭(일 중독자)'의 증세를 보였다.

82세까지 살아 조선왕들 중 가장 장수했던 영조의 장수 비결은 '소박한 생활'과 '인삼 보양법'으로 보인다.

어린 시절 대궐 밖에서 자란 경험이 있는 영조는, 침실 안에 화려하고 몸을 편하게 하는 물건을 두지 않고 창호의 틈을 바르지 않고 바람을 맞고 지냈다고 한다.

또 72세 때 1년에 20여 근의 인삼을 먹었고, 73세 때 검은 머리가 다시 났다고 한다.

우리나라의 역대 임금 중에서 가장 오래 살았던 분은 누구일까.

정답은 바로 고구려의 '장수왕(長壽王)'이다.

광개토대왕의 아들인 장수왕은 이름 그대로 정말로 장수하였으니 무려 97년을 살았는데, 임금 자리에 있은 기간만도 무려 77년이나 된다. 장수왕 다음으로 오래 살았던 임금은 조선의 영조 임금이다.

여기에서 영조 임금에 대한 일화를 소개하고자 한다.

숙종이 어느 날 밤 술잔을 들고 거나하게 취기가 돌아서 달빛이 구름 속에 가린 어스름한 달밤에 후원을 거닐고 있었다.

그때 눈앞에 하늘에서 방금 내려온 듯한 선녀 같은 여인이 후원 길을 걸어가고 있는 것이 아닌가.

숙종은 선녀 같은 그 여인을 대전 내실로 불러들여 그날 밤을 보냈다.

아침이 밝아서 숙종이 눈을 떠 보니까 함께 잤던 여인은 무수리였다. 무수리는 궁중에서도 궁녀들의 심부름이나 하는 비천한 말단 종의 신분이었다. 이런 신분의 여인이 임금의 성은을 입었으니 궁 안에 그대로 둘 수 없어서 궁궐 밖으로 내보내어 살게 했다.

그때 그 무수리가 임신을 하게 되어 궁궐 밖에서 살면서 왕자를 낳았는데 그 왕자는 궁궐 밖에서 종의 아들로 태어나서 극도로 천한 생활을 하였다. 음식도 소박하고 거친 음식만 먹고 자랐다.

숙종이 죽고 나서 경종이 왕위에 올랐는데 병으로 4년밖에 살지 못하고 죽었다. 어릴 때부터 병약했던 경종은 성기능 장애로 후손이 없었다.

그래서 왕족을 찾던 중 궁궐 밖에서 자란 무수리의 아들을 궁궐로 불러들여 왕이 된 사람이 영조이다.

영조 임금은 83세에 승하하였는데, 영조는 평생을 살면서 생사를 넘나드는 중병을 앓은 적이 없었다고 하지만, 아들인 사도세자를 뒤주에 가두어 죽였다는 죄책감과 슬픔에 시달리고, 또한 비천한 무수리 출신인 어머니에 대한 콤플렉스가 있었음에도 불구하고 건강하게 오래 살았다.

그 이유는 어디에 있었을까.

첫째로는 어머니였던 숙빈 최씨가 무척 건강했었다고 한다.

게다가 부친이었던 숙종도 당시로서는 비교적 장수인 60세까지 살았으니 건강한 체질을 타고났다고 볼 수 있다.

둘째로는 평소에 밤늦게까지 회의를 하다가도 식사시간만은 꼭 지켜서 저녁을 챙겨 먹었다고 하니 건강관리에 꽤 신경을 썼다고 해석할 수 있다.

셋째로 음식을 적게 먹었는데, 특히 기름진 음식과 술을 적게 먹었다고 한다. 기름진 음식을 적게 먹고 소식(少食)을 한 것이 오래 사는 데 큰 도움이 된 것으로 생각된다.

또한 영조 임금은 조선의 임금 중에서 금주령(禁酒令)을 가장 강력히 시행하였다. 금주령을 어기고 술을 팔거나 마시는 사람을 잡아 오라고 하였으며, 실제로 술을 마셨던 종2품 벼슬의 신하를 잡아 목을 베어 성문에 내걸었다는 기록도 있을 정도다.

그러니 임금 스스로도 술을 상당히 절제하였던 것이다.

넷째로는 건강관리에 철저했다. 『승정원일기』에 의하면 영조는 닷새마다 한 번씩, 즉 한 달에 여섯 번씩 궁중전의와 함께 입시해서 국왕의 건강상태를 세밀하게 점검했다고 한다. 심지어 승하하기 전까지 마지막 4년간은 하루 평균 1.2회의 입진을 받았다고 하니 건강에 쏟은 관심을 짐작할 수 있다.

건강관리에 지나치게 조심하고 염려하는 것도 좋지 않지만 그렇다고 너무 방심하는 것은 더욱 나쁘다.

특히 왕이라면 조심하기만 하면 건강에 문제가 없었을 것 같은데, 아무튼 규칙적인 식사와 소식, 그리고 조심하며 자주 궁중전의의 진찰을 받는 것이 장수비결에 들어가는 것은 분명하다.

영조는 천하게 자랐던 생활이 몸에 배어서 궁중에서도 기름진 고량진미를 멀리하고 음식을 담백하게 자연식 위주로 먹고 궁중에 가득한 여인들을 가까이 하지 않아서 장수할 수 있게 된 것이다.

현대인들의 식단은 조선시대 왕들 부럽지 않게 너무 잘 먹어서 비만증, 당뇨병, 고혈압, 심장병, 각종 암 등 현대 성인병을 초래한다.

대부분의 왕들이 기름진 고량진미 음식을 과도히 섭취하고, 운동을 잘 하지 않고 과중한 업무로 인한 스트레스, 비위생적인 생활, 주색 과도가 단명을 초래한 것이다.

인종처럼 너무 슬픔에 빠져 감정을 이겨 내지 못해도 건강에 치명적이다. 건강해지는 비결은 영조 임금처럼 소박하고 거친 음식, 자연식 위주를 하여 혈액을 맑게 하고, 스트레스를 잘 풀고, 운동을 적절히 하여 기혈순환이 잘 되게 하고 체력을 강화하는 것이다.

13. 솔개 이야기

장효영

솔개는 비교적 수명이 긴 새이다.

약 70년을 산다고 한다.

솔개는 참으로 힘차게 사냥한다. 창공을 나를 때 숲 속에서 솔개의 모습이 보이면 다른 새들은 꽁무니를 뺀다.

그러나 솔개가 40년 정도 살면 날카로운 부리는 달아서 무디어지고, 발톱은 다 닳고 힘이 없어지고, 깃털도 찢기고, 다 낡아서 잘 날 수 없게 된다.

이때 어떤 솔개들은 중대한 결심을 한다.

낡은 부리로 다 낡아빠진 깃털을 하나하나 다 뽑아낸다.

고통을 참으며 솔개는 다시 낡은 부리로 다 낡고 닳은 발톱은 쪼아서 뽑는다. 그런 다음에 솔개는 마지막으로 다 닳고 무디어진 부리를 바위에 쪼아서 부리를 빼낸다.

솔개는 이런 과정에서 피투성이가 되고 쓰라린 고통을 견뎌 내야만 한다. 그 후 솔개는 날 수도 없고 사냥을 할 수도 없어서 이끼와 물을 먹으며 하루하루 참으며 살아가야 한다.

그리고 인고의 생활 속에 6개월이 지나면 늙은 솔개의 몸에서 새로운 깃털이 자라 나오게 된다.

날카로운 발톱이 새로 생긴다.

부리도 새롭고 튼튼한 부리가 솟아 나온다.

이렇게 솔개는 다시 태어나게 된다.

다시 힘찬 사냥을 할 수 있게 되는 것이다.

이렇게 새로 태어난 솔개는 다시 30년을 더 살아서 70년을 산다고 한다.

솔개 이야기는 우리가 인생을 살아가면서 어쩌면 한두 번 겪어야 할 비유적인 이야기가 아닌가 싶다.

누구나 인생에서 성공적인 삶을 살기 위해서, 혹은 자기 분야에서 독보적인 존재가 되기 위해서, 혹은 특출한 위업을 달성하기 위해서는 그야말로 피눈물 나는 노력과 인고의 시간이 필요한지도 모른다.

부처님께서는 작은 즐거움을 맛보기 위해서는 작은 고통을 겪어야 하고, 크나큰 즐거움을 맛보기 위해서는 크나큰 고통을 겪어야 하고, 무한한 즐거움을 맛보기 위해서는 무한한 고통을 겪어 내야 한다고 말씀하셨다.

누에고치 속에 있는 번데기는 참으로 아늑하고 따뜻하고 그 어떤 위험스럽고 해로운 것도 누에고치가 막아 준다.

그러나 창공을 날아오르는 나방이가 되려면 누에고치를 박차고 나와야 한다. 모든 풍상의 바람막이가 되어 주는 누에고치를 뚫고 나오는 노력은 그야말로 혼신의 힘을 다해야 한다.

몸부림치며 혼신의 힘을 다하여 누에고치를 뚫고 나온 나방이 창공을 날아오를 수 있는 것처럼 우리는 젊은 시절에 자신의 열정을 다하여 노력하여야 한다.

배는 바다 위를 항해할 때보다 부두에 정박해 있을 때 더 안전하다.

그러나 배는 정박해 있기 위해 만들어진 것이 아니라 항해를 위해 만들어진 것이 아닌가! 항해를 시작한 이상 우리는 어떤 풍파도 이겨 내고 힘차게 전진해야 한다.

마찬가지로 우리 인생도 무언가 성취하기 위해 존재하는 것이다. 역사적으로 위업을 달성한 위인들이나 성공적인 삶을 일구어 낸 사람들을 보면 처절한 역경 속에서도 피나는 땀과 열정을 쏟아부은 사람들이다.

젊은 사람들은 정말 열심히 노력해야 한다.

젊은 사람들은 미래를 꿈꾸며 살고, 노인은 추억을 회상하면서 산다는 말이 있다. 젊은 사람들은 미래를 자기 것으로 만들기 위해서 현재 자신에게 주어진 시간을 낭비해서는 안 된다.

"과거는 부도난 수표요, 미래는 약속어음에 불과하지만 현재는 확실한 현금과 같은 것이다."라는 말처럼 현재 시간을 자기의 것으로 만드는 사람만이 미래 또한 자기의 것으로 만들 수 있다.

시간은 가만히 두어도 자꾸만 과거로 흘러가 버린다. 미래에 흘러간 과거를 후회한들 무슨 소용이 있으랴.

젊은이들이여! 열심히 노력하라.

자신의 분야에 한번 푹 빠져서 미쳐 보라.

건강이 안 좋은 사람들은 건강해지기 위하여 노력하면 반드시 건강해지게 된다.

암 발생 원인의 첫 번째 원인이 운동 부족이다.

모든 질병의 60%는 운동부족이 원인이 되어서 그로 인한 체력약화, 면역력 저하 등으로 생긴다. 질병으로 건강을 잃어버린 사람도 노력하면 다시 건강해지는 것이다.

한때 사업 실패나 경영하는 일들이 실패했을 때도 한때의 좌절이나 난관을 과감히 딛고 일어서서 노력하면 다시 또, 아니 더 크게 재기할 수 있다.

미래를 준비하는 젊은이들도, 좌절의 암울한 늪에 빠져 있는 사람들도, 슬픔으로 가슴이 아리거나, 건강을 잃어버린 사람들도 모두 다시 태어나는 솔개처럼 비상의 나래를 힘차게 펴라. 미래는 준비하는 자의 것이고, 용기 있는 자의 것이고, 도전하는 자의 것이다.

14. 최선을 다하자

장효영

어떤 철학자는 "인생은 마라톤 코스와 같다."라는 표현으로 인생행로의 어려운 과정을 비유적으로 설명했다.

마라톤은 거리가 42.195km이고 선수들 완주 시간이 2시간 30분 정도 걸리는 긴 거리이다.

여기에 손기정 선수의 일화는 우리 인생에 참으로 깊은 교훈을 주는 의미심장한 이야기이다.

우리의 손기정 선수가 1936년 일제 강점기에 베를린 올림픽의 마라톤 경기에 출전하였다. 손기정 선수가 반환점을 돌아올 때 하나의 난코스를 만났는데 비스마르크 언덕길이 지친 선수들에게는 무척이나 힘이 들었던 코스였다.

비스마르크 언덕길을 달리던 손기정 선수는 너무나도 힘들고 지쳐서 거의 포기상태에 이르러서 그냥 주저앉고만 싶었다.

바로 이때 응원관중들 속에서 네프라는 어린 소녀가 물 한 컵을 건네주면서, "아저씨, 골인점이 얼마 남지 않았어요. 힘내세요."라는 작은 말 한 마디를 던져 주었다.

이 말은 손기정 선수의 머릿속에 강하게 자극을 주었다.

"그래? 골인 점이 얼마 남지 않았어? 여기에서 포기하면 안 되지. 끝까지 뛰어야지."

이를 악문 손기정 선수의 온몸에는 강한 에너지가 용솟음쳐 올라 주먹은 불끈 쥐어지고 다리는 기운이 넘쳐흘렀다.

최후의 힘을 쏟아부은 손기정 선수는 결국 마라톤에서 금메달을 차지하고 승리의 월계관을 쓰게 되었다.

세계 제패의 베를린 영웅이 된 것이다.

우리가 인생을 살아가면서 항상 평탄한 길만 있는 것이 아니다.

인생의 행로에 어찌 따뜻한 봄바람에 아름다운 꽃길만 있을 것인가

때로는 힘들고 괴로운 가시밭길이나 험준한 고갯길들을 지나야 할 때가 있다. 가족이나 이웃 친구들이 이런 어려운 기로에 처했을 때 네프 소녀 같은 따뜻한 위로와 격려의 작은 한 마디가 크나큰 힘이 되어 줄 때가 있다.

별로 친하지 않거나 나와는 먼 거리의 관계에 있는 사람들이 나에게 무어라고 하던 크게 자극을 주지는 못한다.

가장 가까운 사이일수록 작은 말 한 마디가 상대방에게 큰 상처를 줄 수도 있고 크나큰 위로와 격려의 말이 될 수도 있다.

가족 관계이거나 특히 부부관계에서는 평생의 반려자로 즐거울 때나 슬플 때나 함께 길을 가야 할 관계이기에 말 한 마디라도 함부로 해서는 안 된다. 부부간의 작은 다툼은 부부가 살아가는 데 부부간의 정이 더욱더 깊어지고 발전하기 위한 하나의 양념이 되기도 한다.

그러나 부부간에 있어서 '죽어버려라'든가 '몹쓸 병에 걸려라'든가 '이혼하자'라는 등 이런 극단적인 표현은 하지 말아야 한다.

부부간의 싸움은 칼로 물 베기라는 말도 있지만 극단적으로 쏟아부은 말들은 주워 담을 수 없고 나중에 깊은 상처로 남을 수 있기 때문이다. 여기에서 '말 한 마디'라는 시를 소개한다.

부주의한 말 한 마디가 싸움의 불씨 되고,
잔인한 말 한 마디가 삶을 파괴합니다.
쓰디쓴 말 한 마디가 증오의 씨를 뿌리고,
무례한 말 한 마디가 사랑의 불을 끕니다.
은혜스러운 말 한 마디가 길을 평탄케 하고,
즐거운 말 한 마디가 하루를 빛나게 합니다.
때에 맞는 말 한 마디가 긴장을 풀어 주고,
사랑의 말 한 마디가 축복을 줍니다.

행복은 쉽게 살아가는 데서 얻어지는 것이 아니다.

최선을 다해 어려운 일을 성취하면서 갖는 만족감에서 얻어지는 것이다. 이웃이나 친구들에게 최선을 다하고, 가족에게 최선을 다하고, 더구나 부부간에는 최선을 다하여야 한다.

행복이란 다가오는 것이 아니고 만들어 나가는 것이기 때문이다.

● 성공적인 브랜드 관리 및 구축 전략

일반적으로 브랜드는 창조, 성장, 성숙, 쇠퇴의 단계로 이어진다. 브랜드는 성공 정점에서 다시 창조되어 재성장하거나, 그렇지 않으면 쇠퇴하고 만다. 이것이 일반적인 사람의 라이프 사이클과 같은 브랜드 라이프 사이클이다. 그러면 이런 성장과 쇠퇴를 거듭하는 브랜드를 성공적으로 이끌고 유지하는 브랜드의 성공은 무엇을 의미하는가?

성공적인 브랜드는 기존시장이 주지 못하던 가치를 제공함으로써 신규고객의 창조와 창조된 고객의 유지를 가능하게 하며, 이와 같은 방법으로 끊임없이 신규고객을 만들어 낼 수 있는 브랜드는 항상 고공성장과 안정적인 브랜드 가치를 가지고 있다. 즉 시간이 지날수록 쇠퇴하지 않고 젊어지는 브랜드인 것이다. 항상 젊음을 유지하며 창조적 에너지를 발산하는 영속하는 브랜드이다.

---

* 신문 및 저널 등의 관련된 내용을 발췌 및 재정리하여 본 저자의 주도로 구성한 것임.

1) 브랜드 관리의 필요성

2000년에 유니레버의 공동대표인 피츠제럴드는 다음과 같이 선언하였다. "우리는 더 이상 제조업체가 아니다. 우리는 일부 제품을 제조하게 된 브랜드 마케팅 그룹이다." 1970년대 중반까지만 해도 이윤의 반 이상을 아프리카에서의 유통, 선박운송, 무역, 마가린이나 세제용 식물성 오일 생산을 위한 플랜테이션에 의존하던 기업에서 브랜드 관리의 필요성을 역설한 것이다.

브랜드 관리는 기업의 상품과 서비스를 경쟁사와 구별 짓는 차별화 메커니즘이 되어야 한다. 강력한 브랜드는 더 많은 매출과 가격 프리미엄을 줄 수 있다. 브랜드 자산은 더 많은 고객, 딜러, 종업원, 투자자를 더욱 쉽게 끌어들이는 기업에 대한 '호의(Goodwill)'의 총체이다. 마케터들은 브랜드 가치의 수호자로서 자신이 관리하는 브랜드를 가장 신성한 존재로 여겨야 한다.

또한 CEO는 브랜드 관리를 위해 새로운 고객가치와 비즈니스 모델을 창조하는 창조에너지와 창조에너지를 통해 고객가치를 확대 재생산하여 양적으로 성장하는 데 필요한 성장에너지를 효과적으로 관리하는 시스템을 구축해야 한다.

2) CEO가 챙겨야 할 브랜드 관리 및 구축전략

(1) CEO의 관심이 중요

브랜드 관리는 최고 경영자가 직접 관여하여야 한다. 기업의 전략과 함께 장기적인 브랜드 비전과 프로그램을 수립하여 실행하는 것은 세계적인 파워 브랜드를 보유한 기업들의 일반적인 모습이다. 강력한 브랜드 구축의 출발은 브랜드 관리를 기업 전략의 일부로 파악하고 기업 전략과 적합성 있게 추진하는 데에서부터 시작되는 것이다. CEO가 관심을 보이지 않는 브랜드 전략, 이는 사상누각에 불과할 뿐이다.

(2) 브랜드 관리[*]

① 창조에너지 관리

창조에너지는 새로운 고객가치와 비즈니스 모델을 창조하는 에너지를 의미한다. 주로 새로운 사업의 도입기에 나타나며, 미래중심적이고 새로운 아이템과 새로운 차별성을 창조하기 위한 태도와 의지가 충만하다. 따라서 CEO는 충만한 기업가 정신을 바탕으로 직원들의 도전적이고 창조적이며 모험적인 부분을 이끌어 내어야 한다.

가. "No shocking, no creativity !": 쇼킹한 아이디어의 수용

크리스티앙 디오르를 새롭게 회생시킨 아트 디렉터 존 갈리아노(John Galliano)는 그의 패션쇼에서 신문지로 만든 옷을 등장시켰다. 크리스티앙 디오르를 소유한 LVMH[**]의 베르나르 아르노 회장은 이 어처구니없는 패션쇼를 보고 "쇼킹하지 않으면 크리에이티브하지 않습니다."라고 했다. 이렇듯 브랜드가 생명력과 성장을 위해 CEO는

---

[*] Neverland Branding Strategy

[**] 1987년도에 설립된 LVMH는 루이비통 · 마크 제이콥스 · 크리스찬 라크르와 · 로에베 · 크리스티앙 디오르 · 지방시 · 겐조 · 셀린느 · 펜디 · 도나 카란 등 최고급 패션 브랜드뿐만 아니라 헤네시(코냑) · 돔 페리뇽, 모엣 샹동(샴페인) · 샤토 디켐(와인) · 프레드, 쇼메(보석) · 베네핏, 메이크업포에버, 겔랑(화장품) · 태그호이어, 제니스(시계) · 세포라(화장품 양판점) · DFS(면세점) 최고급 브랜드 60여 개를 보유, 세계 최대의 명품그룹을 말한다.

때론 쇼킹한 아이디어를 받아들일 수 있는 여유와 기업에 창조에너지를 지속적으로 관리하는 기업문화를 만들어야 한다.

나. 숫자에 의해 창조에너지를 방해하지 마라.

보통 신상품을 출시하기 전에 회사의 상품기획부서에서는 잠재매출과 비용을 계산하여 잠재수익을 도출해 낸다. 그러나 창조에너지를 극대화하기 위해서는 창조력을 가진 직원들을 숫자로 괴롭혀서는 안된다. 3M에서는 4년간 총매출액의 30% 이상을 신제품으로 달성하는 것을 목표로 발명을 촉진하고 있으며, 자신의 업무시간의 15%를 자유롭게 연구할 수 있게 하는 기업문화 조성과 용감하고 과감한 경영자가 있었기에 탁월한 상품들을 끊임없이 쏟아 낼 수 있는 것이다.

다. 소비자 조사를 맹신하지 마라.

수량 또는 계량적으로 분석하는 계량모델 마케팅(Quant Modeling)은 중요한 영역이다. 계량을 위해서는 마켓 리서치가 필수적이다. 소비자 현황과 우리 상품, 가격, 유통구조 및 서비스의 정확한 위치를 알고 싶어서다. 그러나 브랜드 관리자의 입장에서는 브랜드의 현재 위치를 파악하는 것 외에 다른 것은 크게 기대하지 말아야 한다. 특히 미래를 예측할 때는 더욱 조심스럽게 접근해야 한다. 미래가 현재가 아니듯 우리는 현재를 가지고 미래를 단정 지어 말해서는 안 된다.

명품은 전통에서 묻어 나오는 가치에 대한 것도 있지만, 소비자가 아직 경험해 보지 못한 현대적이고 감각적이며 미래지향적인 쇼킹한 상품에 대한 것이기도 하다.

LVMH의 아르노 회장은 신상품을 개발할 때 종종 소비자의 반응을 무시하고 회사 내부의 크리에이터(Creator)의 생각을 신뢰한다. 쟈도르 (J'adore)라는 향수는 시장에 출시되기 전 포커스 그룹 테스트에서 좋은 반응을 얻지 못했다. 그러나 이 상품은 나중에 전 세계 향수 중 Top3 안에 드는 대성공을 거두게 된다. 따라서 CEO는 직원이 충분한 창조에너지를 소유했다면 소비자의 선택보다는 직원의 판단을 믿고, 소비자의 기대를 넘어서는 창조적인 상품을 내놓을 수 있어야 한다.

라. 창의성을 위해 조직을 유연하게 운영하라.

LVMH는 중앙집권적인 조직에서 탈피, 자유롭고 유연한 조직 체계를 갖고 있다. 가능한 중앙집권화를 탈피하고 모기업은 규모를 앞세운 협상력을 발휘할 때만 필요하다는 전략을 구사하고 있다. 이는 이나모리 가즈오 회장이 이끄는 교세라의 아메바 경영과도 그 맥락을 같이한다.

따라서 본사의 역할은 각 디자이너와 경영진들이 전체 시스템 속에 조화를 이루도록 유도하는 것이지, 지나친 간섭과 통제는 창의성에 방해를 줄 수 있다는 원칙을 세우고 있다.

② 성장에너지 관리

성장기에는 브랜드 런칭 후 성장을 추구하는 단계로 양적 성장을 향한 깅한 드라이브 진략을 추구한다. 매출에 있어 급격한 증대와 수익이 흑자로 전환되며 재무 구조적으로 가파르게 상승하는 시기로 조직 프로세스에서 성장을 주도하고 뒷받침하기 위한 조직의 급격한 확장과 양적 성장으로 인한 조직의 분위기가 고양되나 성과에 대한 보상 문제로 내부 갈등이 발생한다.

이때 필요한 주력에너지는 성장에너지이다. 성장에너지는 창조에너지를 통해 얼리 어답터(Early Adopter)에게 입증된 고객가치를 확대 재생산하여 양적으로 성장하는 데 필요한 에너지이다. 이때 브랜드가치의 고양을 위해 CEO는 성장의 동력으로 드라이브형 리더십이 요구되며, 기존 직원보다 성장 경험이 더 풍부한 새로운 전문가를 영입하게 되며, 지속적인 성장과 투자로 자원이 풍부해진다.

가. 창조에너지로 야기될 수 있는 위험을 반드시 분산시켜라.

가장 빠른 자동차 엔진은 가장 강력한 브레이크를 필요로 한다. 브레이크가 없다면 이것은 컨트롤할 수 없는 무시무시한 무기로 돌변할 수 있다. 창조력으로 극대화된 창조에너지를 컨트롤할 수 있는 브레이크가 없다면 회사를 위험에 빠뜨릴 수 있다.

LVMH는 루이비통에 마크 제이콥스(Mark Jacobs)가 새로 영입되었을 때, 그의 디자인은 전혀 루이비통스럽지 않았다. 그러나 상품의 배분 기준을 마련하여 스타일당 수량을 제한함으로써 회사의 위험을 분산시켰다. 아울러 제한된 수량은 희소성을 갖게 함으로써 소비자로 하여금 필요 이상의 소비를 하게 만들었다.

말하자면 대부분의 상품은 5년, 10년 전에도 보았음직한 검증된 상품이었지만, 15%의 상품은 브랜드를 새롭게 하는 창조에너지가 풍성한 상품이었던 것이다. 이렇게 함으로써 LVMH는 왕성한 창조에너지를 활용함은 물론, 이로 인한 위험을 전략적으로 피해 가며 성과를 내고 있다.

나. 자신의 역량을 바로 알고 최상의 실행모델을 찾아라.

기업의 성공에는 여러 요소가 있다. 창업주의 능력, 조직 구성원의 역량, 조직문화 등 내부적 요소와 외부적 요소가 잘 결합해야 한다. CEO는 회사가 성장에너지가 필요한 시점에는 자신이 창조한 에너지를 누구보다 명확히 이해하고 이것을 전 직원에게 집요하게 교육시키고 확산시켜야 지속적인 성장을 이룰 수 있다.

마이클 델의 성공은 탁월한 비즈니스 모델에 있는 것이 아니라 창업 이래 이러한 모델을 성공시키기 위한 DNA가 회사 내에 있었기 때문이다.* 말하자면 창업 이래로 비용 절감, 낮은 품질은 장기적으로 더 많은 비용을 지출시킨다는 것을 몸으로 체험하였기에 초기부터 제품의 질을 높여 고객만족을 위해 힘써 온 열정과 노력이 회사 곳곳에 배어 있어 이러한 정신이 기업문화로 자리 잡아 모든 직원이 한마음이 되어 다이렉트 세일 모델이 진정한 성공에 이르게 되었다는 것이다. 이들의 모든 행동은 계획되어진 산물이라기보다는 몸에 배어든 문화, 즉 DNA인 것이다.

다. 핵심사업을 통한 인접 영역으로 확장하라.

국내 제약시장은 이미 포화상태에 이르렀다. 일부 제약사들은 핵심 사업으로 돈벌이가 되는 암, 당뇨병, 심장질환, 통증 등에 집중하고 있다. 이제 국내 업체들은 성장을 위해 인접 사업 영역으로의 확장이 필요하다. 기업들은 기존 사업 영역에서 성장의 한계에 직면할 때, 대부분 일차적으로 인접 사업 영역에서 성장의 기회를 모색한다.

---

* Execution without excuses, Harvard Business Review, March, 2005.

이처럼 확장 단계로 접어든 기업들은 강력한 핵심 사업을 기반으로 새로운 지역이나 고객군, 신규 유통채널 등으로 확장을 시도한다.

확장을 성공적으로 마무리하기 위해서는 첫째, 핵심 사업을 기반으로 인접 사업을 추진하고 둘째, 심도 있는 고객 통찰력을 확보하며 셋째, 반복 가능한 인접사업 확장 공식을 창출해야 한다. 이미 광동제약, 현대약품 등은 음료산업으로 확장해 성공을 했다. 현대약품은 미에로화이바를 통해 제약 사업을 보강하고 있다.

광동제약은 회사가 부도위기에 직면했을 때, 위기를 마시는 비타민 음료 비타500을 출시하는 정면 돌파로 재도약의 기틀을 마련했다. 그 여세를 몰아 차음료 제품인 옥수수수염차를 통해 매출을 확대하고 있다. 반면 동신제약 등 일부 업체는 기존과 동떨어진 사업으로 확장을 하다 사라지기도 했다.

LVMH는 이미 60여 개의 명품 브랜드를 거느리고 있으며 지금도 왕성하게 명품 브랜드를 인수해 나가고 있다. 그들은 이것을 자신의 핵심역량으로 발전시켜 인접사업으로도 성장하고 있다. 경쟁자들이 동일한 모델을 복제하지 못한 반면, 그들은 자신의 핵심역량을 기반으로 인접시장으로 영향력을 넓혀 가고 있는 것이다.

자신의 창조에너지를 통해 자신만의 성공 모델을 완성하고 성장에너지를 통하여 발전시킨 후 이 강점을 가지고 인접 영역에서의 성공 모델을 재창조해 나가고 있는 이들은, 이미 핵심적인 성공 역량이 있기에 인접 영역에서도 쉽게 성공을 거둔다.

따라서 브랜드와 그 브랜드가 가진 시장점유율을 인수하는 것은 종종 그것을 구축하는 것보다 비용과 시간 면에서 유리하다. 그 외에도 아크조 노벨*, 시스코, 로레알(L'Oreal), 네슬레와 같은 기업은 작은 기업들(그 회사의 브랜드들)을 인수·합병함으로써 오늘날의 지위를 확보하였다.

(3) Marketing PR로 초기 캐즘(Chasm) 극복

초기 시장과 주류 시장 사이에는 일시적으로 수요가 정체되거나 후퇴하는 단절 현상이 나타나게 되는데 이를 캐즘(Chasm)이라 한다. 즉, 제품이 아무리 훌륭해도 일반인들이 사용하기까지 넘어야 하는 침체기가 있는 것이다. 브랜드의 영역에서도 캐즘 이론은 그대로 적용된다.

수많은 브랜드가 탄생하고 그중 창조적인 브랜드인데도 소비자의 기억에 남지 못하고 죽는 브랜드가 대부분이다. 그렇다면 캐즘을 극복하는 방법은 무엇일까? 우선 이 틈새에 머무는 시간을 최소화해야 한다. 상품이 등장하면서 또는 등장하기 전부터 '수요를 환기'시킬 만한 자극을 소비자에게 주어야 한다. 이럴 때 필요한 것이 마케팅PR이다. 브랜드가 그 가치를 계속 유지하기 위해서 광고는 필수적이라 할 수 있다.

(4) 일관성의 법칙을 기억

브랜드 이미지는 구축하기도 힘들 뿐 아니라 한번 확립된 이미지를 다시 변경하는 것 역시 쉽지 않다. 세계적인 브랜드를 보유한 회사의 공통점을 찾아보면 일관된 마케팅 전략을 제시하고 전략을 유지·집행하기 위해 수십 년간 하나의 광고 회사를 이용해 왔다는 점이다.

---

* 영국 화학회사 ICI는 네덜란드 화학회사 아크조 노벨의 인수 제안을 받아들인 데 힘입어 2.8% 올랐고 아크조 노벨 역시 2.4% 상승했다. 2007년 8월 15일.

(5) 가격 할인에서 가치 제공으로

가격 전쟁은 소비자를 쫓아가는 푸시 전략의 일종이다. 브랜드 전략의 기본은 풀 전략이다. 자기만의 독특함을 과시하며 소비자가 쫓아오길 기다린다. 또한 고급은 고급답게 행동한다고 이들은 대중 매체 중심의 광고는 거의 행하지 않는다. 특히 고급 브랜드일수록 대중 매체를 통한 지나친 노출을 피하고 있으며 구전 효과를 극대화함으로써 제품의 신비감을 유지하려 하고 있다. 이러한 것은 가격 할인보다는 가치 제공과 고급 이미지를 유지함으로써 소비자에게 선택받는 결과를 가져온다.

3) 브랜드 관리 효과

회사는 망해도 브랜드는 존재한다. 사람은 바뀌어도 브랜드는 존재한다. 코카콜라의 사장은 수십 명이 취임과 퇴임을 거듭했지만 코카콜라는 여전히 존재한다. 기업의 생명연장 코드는 바로 브랜드에 있다. 브랜드를 얼마나 잘 관리하고 성장시키느냐가 바로 기업 생명연장의 중요한 포인트라 할 수 있다.

기업이 자사 제품에 브랜드를 부여하는 것은, 그것을 경쟁 상대의 제품과 명확히 구별하기 위해서이지만 그것은 소비자의 상표 충성도(**brand loyalty**)의 존재와 무관하지 않다. 브랜드 로열티는 브랜드 선택에 있어 소비자가 어느 특정한 브랜드에 대해 갖는 호의적인 태도, 그에 따른 같은 브랜드의 반복적 구매 성향을 보여 구매빈도가 높고 그 품질을 사전에 확인할 수 없는 제품일수록 그러한 경향이 높다.

요인으로는 브랜드 이미지와 소비자 기호의 일치, 소비자의 위험

회피적 태도 및 습관 형성 성향 등을 들 수 있다. 일반적으로 어떠한 브랜드에 대한 지명도가 높은 시장에서는 그 브랜드와 관련이 있는 신제품을 도입할 때 동일한 브랜드를 사용하면 각 제품의 판매촉진 활동이 하나의 브랜드 아래에서 상승효과를 노릴 수 있다.

그 외에도 ① 영업경비 절감(고객 밀집도가 높아져 이동시간이 줄어듦), ② 소개의 원칙(소개가 늘어남), ③ 집중의 원칙(브랜드에 대한 쏠림 현상 발생), ④ 영업유리의 원칙(영업이 수월함-삼성전자의 휴대폰 애니콜을 굳이 설명하지 않아도 누구나 알고 있음) 등의 효과를 낼 수 있다.

영어스피치 6

The greatest revolution of our generation is

the discovery that human beings, by changing

the inner attitudes of their minds, can change

the outer aspects of their lives.

William James

Your life today is a result of your thinking yesterday.

Your life tomorrow will be determined

by what you think today.

John C. Maxwell

We hold these truths to be self-evident, that all men

are created equal, that they are endowed by their

Creator with certain unalienable Rights, that among

these are Life, Liberty and the pursuit of Happiness.

People who are unable to motivate themselves must be

content with mediocrity, no matter how impressive

0their other talents.

Andrew Carnegie

The great composer does not set to work because he is inspired, but becomes inspired because he is working. Beethoven, Wagner, Bach and Mozart settled down day after day to the job in hand with as much regularity as an accountant settles down each day to his figures. They didn't waste time waiting for inspiration.

Ernest Newman

The best and most beautiful things in the world cannot be seen of even touched.

they must be felt with the heart.

It is confidence in our bodies, minds and spirits that allows us to keep looking for new adventures, new directions to grow in, and new lessons to learn—which is what life is all about.

Oprah Winfrey

제7강

시낭송 훈련

시낭송 훈련

1. 무제 1

고마운 사람들
아름다운 만남
행복했던 순간들
가슴 아픈 사연들
내게 닥쳤던 모든 것들이 과거로 묻히려 한다.

한 발 한 발 조심스럽게 옮기며
좋았던 일들만 기억하자고
스스로에게 다짐해 주어도
한 해의 끝에 서면 늘 회한이 먼저 가슴을 메운다.
좀 더 노력할 것을
좀 더 사랑할 것을
좀 더 참을 것을

좀 더 의젓할 것을
좀 더 좀 더 하면서 나를 위해 살자던 다짐도 못내 아쉬움으로 남는다.

헛되이 보내 버린 시간들
아무것도 이룬 것은 없고
잃어버린 것들만 있어
다시 한 번 나를 자책하게 한다.

얼마나 더 살아야 의연하게 설 수 있을까
내 앞에 나를 세워 두고
회초리 들어 아프게 질타한다.

그러나 내가 만났던 모든 일들에 감사하며.
나와 함께했던 모든 사람들에 감사하며.
나를 나이게 한 올 한 해에 감사하며
감사의 제목들이 많아 조금은 뿌듯도 하다.
멋진 내일을 꿈꿀 수 있어 또한 너무 너무 감사한다.

<좋은 글>

2. 무제 2

오윤길

천 년이 흘러도 가슴에서 영원히
지워지지 않을 한 송이 아름다운 꽃으로
가슴에 피어 있는 그리운 그대

언제나 가슴 안에 아름다운 꽃으로
피어 있는 그대를 볼 때마다
행복해서 촉촉한 눈물이 납니다.

굳이 사랑이라 말하지 않아도
가슴 깊이 파고드는 숨결소리만 들어도
뜨거운 사랑을 확인할 수 있어
행복해서 뜨거운 눈물이 납니다.

비록 몸은 멀리 떨어져 있지만
마음은 늘 한곳을 바라보는
가슴으로 하는 두터운 사랑에 행복해서
감격의 눈물이 납니다.

그대가 있는 곳이라면
그 어느 곳도 가지 못할 곳이 없기에

오늘도 마음은 그대 곁에 머물러
떨어져 있는 거리만큼 더 많이 그리워하며

생이 다하는 날까지
그대 가슴속에 행복을 심는 이름으로
머물고 싶습니다.

3. 무제 3

You have it easily in your power to increase

the sum total of this world's happiness now.

How?

By simply giving a few words of

sincere appreciation to someone

who is lonely or discouraged.

Perhaps you will forget tomorrow

the kind words you say today,

but the recipient may cherish

them over a lifetime.

4. 수선화에게

정호승

울지 마라
외로우니까 사람이다.

살아간다는 것은 외로움을 견디는 일이다.
공연히 오지 않는 전화를 기다리지 마라.

눈이 오면 눈길을 걸어가고
비가 오면 빗길을 걸어가라.

갈대숲에서 가슴 검은 도요새도 너를 보고 있다.
가끔은 하느님도 외로워서 눈물을 흘리신다.

새들이 나뭇가지에 앉아 있는 것도 외로움 때문이고
네가 물가에 앉아 있는 것도 외로움 때문이다.

산 그림자도 외로워서 하루에 한 번씩 마을로 내려온다.
종소리도 외로워서 울려 퍼진다.

5. 함께하는 사회(1)

송세준

오늘 나는 꿈을 꾸었다
그 꿈에 보인 아름다움은 그저 환상이었다.
흘러가는 상상은 내 삶이 바뀌었는데
거기에는 꿈도 상상도 없었다.
네가 꾸민들 그 아름다움의 흔적이
내 눈만 하랴.

나는 천상의 코러스를 들었다
천상의 소리는 미몽의 환청이었다.
아련히 들리던 그 소리에 삶이 바뀌었는데
미몽이 사라지니 굉음이었다.
네가 들려주던 아름다운 소리가
내 귀만 하랴.

나는 샤론의 장미로 뒤덮인 향을 느꼈다.
향기로운 천상의 꿈이었다.
제단주변을 감싸는 향에 새 삶을 묻어 버렸는데
향기가 사라지니 악취였다.
네가 맡았던 향이 사라졌다.
내 코만 하랴.

오늘만 나는 거기에서 잠이 들었다.
곤히 잔 잠결에
긴 호흡과 기지개로 일어났는데
tv가 울리고 있었다.
내가 본 하늘은 사라졌다.
그 땅이 내 몸만 하랴.

6. 함께하는 사회(2)

송세준

찰나에 주는 행복을 위하여
평생의 삶을 버렸다.
그래서 몸에 기름을 바르고
화려하게 겉옷을 입었다.
찰나에 평생이 갇힌 인생아!

머리는 왕관에 짓눌리고
목은 목걸이에 감기고
팔은 팔찌에 갇혀
귀는 귀고리에
코는 코걸이에 끌려가는 인생아!

긴 날을 하루에 저당 잡힌
그 삶을 신앙처럼
환영을 쫓듯이 끌려가고
긴 날을 욕심 때문에
복권의 환상으로 살아가는 인생아!

그래 네 명성이 큰들
평생을 갇혀 지낸 결과인 것을

걸이 고리 팔아 본들

욕심의 복은 부서지고 말 것을

오늘 함께하는 사회 나누자구나!

7. 눈금이 다른 두 개의 저울

남에게 줄 때 다는 저울과
남으로부터 받을 때 다는 저울.
두 개의 눈금은 서로 다르다.

남에게 줄 때 재는 저울은
실제보다 많이 표시되고,
남으로부터 받을 때 재는
저울은 실제보다 적게 표시된다.

그래서 하나를 주고 하나를 받아도
항상 손해 본 듯한 느낌을 갖는다.

우리의 마음속에 있는 두 저울의
눈금 차이를 적게 할 수 있다면……

만일 눈금 차이를 줄이는 것이 어렵다면,
남에게 줄 때는 조금 덜 준 듯이
남으로부터 받을 때는 조금 더 많이 받은 듯이
생각할 수만 있다면……

적어도 조금은
더 받은 듯 행복을 느끼지 않을까.

'생각을 바꾸면 성공이 보인다'에서

8. 홀로 서라

네가 넘어졌을 때 다른 사람이 일으켜 세워 준다면,
너는 영원히 혼자서 일어서는 방법을 모를 것이다.
밥 먹는 방법을 모른다고 다른 사람이 대신 먹여 준다면,
그 사람은 죽을 때까지 밥 먹는 방법을 모르고 죽을 것이다.

다른 사람에게 의지하여 걷는다면, 그는 두 번 쓰러질 것이다.
정상에 오르는 길은 항상 고독하다.
성공은 자신과의 싸움이다.
너의 가장 큰 적은 밖에 있는 것이 아니라,
너의 마음속에 있다는 사실을 명심하여라.

자신과의 싸움에서 이기는 자만이 정상에 우뚝 설 수가 있는 것이다.
정상에 이르는 길은 하이킹을 가는 것과 같이 평탄한 길이 아니다.

비탈도 있을 것이고, 낭떠러지도 있을 것이다.
자갈도 있고 바위가 길을 막기도 할 것이다.
시냇물이 가로막기도 하고 때론 맹수가 달려들 수도 있다.

이 모든 장애물을 혼자서 해결하지 않고 다른 사람의 도움으로
극복하였다면 다음에 나타나는 똑같은 문제를 어떻게 해결할 것이며,
정상에 설 수 있다 하더라도 과연 진정한 자신의 승리라고 말할 수
가 있을 것인가.

네 인생의 주인공은 너 혼자뿐이다.

부모님이나 형제나, 친구나 스승이나 네가 아는 모든 사람들은 네가 연출하는

인생을 구경하는 관객에 지나지 않는다.

네가 하는 연기에 대하여 그들은 공감을 가지고 격려와 박수를 치고 함께 슬퍼할 수는 있지만, 네 인생의 무대에 올라 대신 연기하여 줄 수는 없기 때문이다.

9. 절망

모든 일에 절망적일 때에는 산에 오르라.
그리고 그 아래에서 살아가는 인간들의 모습을 바라보라.

그곳에서 호연지기[浩然之氣]를 길러야 한다.
또한 큰 바다에 나가 보라. 배를 타든 비행기를 타든 상관없다.

네가 하늘에서 지상을 내려다보는 신이라 생각하고 인간들이
살아가는 모습들을 바라보아라.
그들은 같은 종족끼리 모여 조그만 집을 짓고 살면서 밤이 되면
모두가 그곳으로 돌아와서 잠을 잔다.

그들은 그곳에서 먹을 것을 조리하고, 기계를 만들어 사용할 줄도
알면서 눈앞의 작은 이익에만 집착하여 한 치 앞도 내다보지 못하는
가엾고 어리석은 미물에 지나지 않음을 볼 수 있을 것이다.

그리고 그곳에서 너가 어디쯤에 있는지 찾아보라.
그곳에서 아주 작은 일에 연연하여 애를 태우는 초라한 모습을
볼 수 있을 것이고, 내일이 보이고 새로운 힘이 생길 것이다.
항상 현실에 최선을 다하라.
미래는 현재의 집대성[集大成]이니 그 날 그 날에 최선을 다하라.
오늘 할 일을 내일로 미루지 마라.
내일은 영원한 거짓말이다.

때로는 어떤 못된 사람의 횡포에 의하여 네가 어쩔 수 없는 곤경에
처해질 수도 있다. 하지만 죄는 미워하되 사람은 미워하지 마라.
그 사람도 아마 그 길만이 자신이 살기 위한 최선의 길이었을 것이다.

옛날 아키바라는 유태인이 있었다.
하루는 당나귀와 개를 데리고 여행을 떠났다.
아키바는 어둠이 깔리자 밤을 지낼 곳이 없어 헤매다 간신히
헛간 하나를 발견하여 그곳에서 잠을 자기로 작정하고
잠자리에 들기 전에 작은 등잔에 불을 켜고 책을 읽으려 하였다.

그때 마침 바람이 불어와서 그 등잔의 불을 꺼 버렸다.
그는 할 수 없이 잠을 잘 수밖에 없었다.
그런데 밤사이에 여우가 와서 개를 죽여 버렸다.

너무나 겁이 났지만 길을 가는 데 나귀만 있으면 되니까 그나마
다행으로 생각하고 있는데, 이번에는 사자가 나타나서 나귀마저
물어 죽여 버렸다.
아침에 일어나 보니 아카바에게는 보잘것없는 작은 등잔
하나만 남아 있었다.

그는 자신에게 그런 최악의 사태를 준 하느님을 원망하고,
현실을 비관하면서 길을 떠났다.
가까스로 가장 가까운 마을에 도착하여 안도의 숨을 쉬면서
사람을 찾았으나 사람 사는 흔적을 발견할 수가 없었다.

주변을 살펴보니 그 전날 밤에 도둑들이 마을을 습격하여
주민들을 전부 살해하고 약탈하여 간 걸 알 수 있었다.

아키바는 가만히 생각하였다.
만약 등불이 꺼지지 않았더라면 자신도 분명히 도둑들에게
죽임을 당했을 것이고, 개가 죽지 않았다면 도둑들을 보고
개가 짖어서 발각되었을 것이고, 나귀가 죽지 않았다면
나귀가 소란을 피워서 문제가 발생하였을 것이다.

그러고 보니 자신에게는 가진 것을 몽땅 잃음으로 인하여
생명을 구한 셈이니까
하나님에게 감사하면서 이렇게 중얼거렸다.
"전화위복[转祸为福]이구나! 최악을 때때로 최선과 통하는구나!"라
고……

인생을 살다 보면 불운이 있다.
운이 없다는 말과 같다.
이때는 모든 일이 잘되지 않고 재난은 계속될 것이다.
열심히 일해도 결과가 나쁘고 노력만큼 소득도 따라 주지 않는다.
네가 게임을 바꾼다 해도 불운은 계속 따를 것이다.

네가 가던 차선이 막혀서 다른 차선으로 바꾸니까 다시 바꾼 차선
이 막히는 것과 같다.
이런 때에는 역행하려 말고 순리에 따르라.

주변의 흐름에 따르고 할 수만 있다면 잠시 쉬었다 가라.

자신을 평가하고, 어디쯤 가고 있는 지, 지나 온 길은 어떠했는지,
등 자신을 한 번쯤 되돌아볼 수 있는 시기라 생각하고 에너지를
축적하라.
불행을 헤어나기 위하여 힘을 소모하다 보면 정말 평탄한
길이 나와 가속을 해야 할 때가 나오더라도 달릴 수가
없기 때문이다.

10. 당신의 생일날에

나는 오늘 참 오랜만에 대문밖에 나와 앉아
밤하늘을 바라보았습니다.
저 세상 속에 있는 높은 봉우리를 향해
나 이렇게 걸어오면서
당신의 손에 외로이 울다 잠들어 있는
세월의 눈물을 잊고 살았습니다.

이 세상에 당신만큼 나에게 소중한
사람이 어디 있습니까.
이 세상에 당신만큼 나에게 그리움을 주는 사람
이 어디 있습니까.
당신이 가진 희망도 나에게 양보하고 살아오면서
힘들 때마다 웃을 수 있게 해 준 사람이 어디 있습니까.

나 대신 울기도 하고 내가 짊어진 짐을
나누어들며 늘 같은 그림사로 내 곁에 서 있는
그대의 사랑을 때론 잊고 살았습니다.

이제 내가 당신께 드릴 수 있는 것은
모두 드리겠습니다.

이제 내가 당신을 위해서 할 수 없는 것까지도
하며 살고 싶습니다.

오늘은 당신의 생일입니다
내가 평생 당신을 챙기며 살 수 있도록 해 준
하늘에 감사드립니다.

이 세상에 태어나 당신과 함께 같은 길을
걸어갈 수 있게 해 준 당신의
생일을 진심으로 축하합니다.

나에게 있어 당신은 평생을 두고두고
아껴 보아야 할 보석 같은 사람입니다.
당신의 생일을 축하하면서,
사랑해요.

11. 그리움

한 번도 가 보지 않은 길 /
그러나 / 낯설지 않은 길이 있듯이 /

내 인생 어느 인연의 자리에서도 / 가질 수 없었던
간절한 그리움으로 당신을 봅니다. /

지금을 위해서만 준비된 오랜 시간 /

내겐 가슴에 둔 한 사람 이외에는 /
아무것도 남아 있지 않습니다. /

살아 있음이 오직 / 당신만을 위한 것처럼 /
하루를 억겁처럼 억겁이 또 찰나처럼
유한한 것도 무한한 것도 / 내게는 없는 듯합니다.

바라보고만 있어도 나는 당신으로 채워져 가고
나를 잊으며 사는 내 영혼의 행복을 영원히 깨고 싶지 않음은
아마도 내가 살아 있기 때문일 겁니다. /

내가 태어나기 오래전 / 당신은 어쩌면 나의 사랑이었는지도 모릅니다.

윤회하는 시간 속에서 결코 닿을 수 없는 인연으로 평생을

살아간다 할지라도 같은 시간 이 세상에 함께 있음이
내가 살고저 하는 나의 소망입니다.

한 없이 힘들고 깨어져 피투성이가 될지라도
당신을 향한 그리움으로 쓰러져 가는 나를 일으켜 세워
당신으로 인해 행복하렵니다.

질기고 질긴 인연의 바다 억겁의 세월을 지나
바위가 모래가 되고

다른 세상에서 내린 빗방울 하나가 같은 강을 흘러
같은 바다를 지나는 물보라로 닿을 수 있는 날이 있다면
죽어서라도 행복할 수 있습니다.

설움의 세월이 다지나
천 년을 하루같이 / 천 년을 살다간 별처럼
여름 한철 잠시 피었다가 사라진 무지개처럼

그대의 엷은 기억 속에 남아서
있을 수만 있다면
어느 한순간 후회는 없습니다.

내가 떠나고 없는 자리가 빈자리가 될지
당신이 떠나고 없는 자리가 빈자리가 될지

서로 빼앗고 싸우며 살아야 할 소유가 아닌데

진정 서로를 위하여 자유로우며
조금씩만 조금씩만
우리의 인연이 슬픔이 아님을 믿으며

나를 위해서 당신을 위해서
순간순간 서로의 기쁨이 되어 줍시다.

12. 나 자신을 위한 기도

주님!
주님께서는 제가 늙어 가고 있고
언젠가는 정말로 늙어 버릴 것을
저보다도 잘 알고 계십니다.

저로 하여금
말 많은 늙은이가 되지 않게 하시고
특히 아무 때나 무엇에나 한 마디 해야 한다는
치명적인 버릇에 걸리지 않게 하소서.
모든 사람의 삶을 바로잡고자 하는
열망으로부터 벗어나게 하소서

저를
사려 깊으나
시무룩한 사람이 되지 않게 하시고
남에게 도움 주되 참견하기를 좋아하는
그런 사람이 되지 않게 하소서.
제가 눈이 점점 어두워지는 것은 어쩔 수 없겠지만
저로 하여금 뜻하지 않은 곳에서 선한 곳을 보고
뜻밖의 사람에게서 좋은 재능을 발견하는 능력을 주소서.
그리고 그들에게 그것을 선뜻 칭찬해 줄 수 있는
아름다운 마음을 주소서. 아멘

13. 21세기 창조회 축시

21세기를 멋있게 맞이하기 위하여 우리는 함께 모였다.
21세기는 새로운 지도자를 간절히 요구하는 시대이기 때문이다.
서로가 가슴을 열고 마음과 마음을 나누면서
변화와 발전을 위한 온갖 열정으로 가득 차 있다.

서로 간의 눈빛만 마주쳐도 우리는 희망과 의욕으로 넘쳐 나온다.
온몸으로 정열을 불태우는 우리 모두의 순수한 외침이 우리의
텅 빈 가슴을 채워 준다.
우리에게 늙음은 없다 매일매일 새로 태어나기 때문이다.

우리들은 마음껏 외쳤다. 모든 것을 털어놓았다.
그리고 새로운 마음으로 무장하고 의지를 굳혔다.
우리들의 만남에는 가치가 있고 의미가 있다.
순수함과 강한 생명력이 넘쳐흐른다.

21세기 창조회 회원들이여
21세기의 멋진 명작을 남기기 위하여
우리는 결코 게을리 해서는 안 될 것이다.

미래는 준비하는 자의 것임을 우리는 알고 있다.
모이고, 모이고 또 모여서 서로서로 마음과 마음을
주고받으며 열심히 멋진 삶을 창조해 나가자.

어떤 어려움과 시련도 절호의 찬스로 만들자.

스피치소스 7*

● 해외 업무를 완수하기 위한 세 가지 비결들

새로움의 가정: 리더십 역할은 환경의 최고가 되긴 어렵다.

인간관계는 불확실해지고 일상의 일은 익숙하지 못하고 기대도 종종 불분명하다.

이제 당신은 자신의 소유한 것으로부터 근본적으로 다른 국가적 문화와 기업에 새로운 한 사람 또는 프로젝트에 정면승부하는 상상을 해라.

그들의 CVS를 강화하기 위해서 많은 야심적인 경영자는 기꺼이 새로운 언어를 배우고 그들의 가족들을 근절하고 지역 법률과 관습으로 골머리를 앓을 것이다. 그러나 국제적 경영 임무는 여행의 분류로 빼앗아질 수 있다.

게다가 만약 그들이 이전에 국제적 이동을 결코 하지 않았다면 야심적인 지도자들은 종종 그들 가족 결속력의 스트레스, 일에 대한 수행의 부정적인 영향, 비즈니스 손실 그리고 직업을 잃는 함정으로 빠

---

* 『Three keys to getting an overseas assignment right』, Mark alan clouse and michael D. Watkins, October 2009, HBR을 번역하여 수정함.

질 수 있다.

중국에 새로운 임무로 여섯 달 그는 고용인과 함께 몇몇 심각한 실수를 만들어 왔다. 그는 빠르게 전환한 채로 요구해 왔던 공장을 여전히 고군분투해 왔고 그의 강인한 법인 변호사 부인은 폭락모드였다. 어떤 일이 발생한 것인가?

● 변화는 좋은 것인가?

오스카는 제약회사를 기반으로 U.S에서 일해 왔지만 국내에서 가장 큰 공장의 관리자 중에 한 명으로 진로를 변경했다. 그다음 지역적 단계는 해외여행이었다. 그의 두 아이를 돌보는 데 더 많은 시간을 보내기 위해 법률회사를 이끄는 파트너로 그녀의 직업을 떠나기 위한 와이프의 결정은 옳았다.

제약회사는 중국에서 다수의 기업으로 뽐내 왔고 그는 열심히 원어민 New Jersey로부터 수천 가지 일과 삶의 도전에 참여했다. 오스카는 제니퍼와 아이들과 6주 앞두고 중국으로 이동했다. 그는 공장의 수행에 모든 이용 가능한 자료를 소화하기 위해서 시간을 보냈고, 공정을 연구하는 공장에서 많은 시간을 보냈다.

이전에 G.M을 해고했었던 그의 보스에게 전환하기에 필요한 것들에 대해서 말했다. 오스카는 고용인들에게 설비에 대한 문제와 그것의 근본원인에 대해서 힘차게 질문했다. 그는 그곳에서 필요로 하는 것들을 정확히 이해했다고 자신감에 차 있었다.

그 주가 지나갔고, 오스카는 자신의 확신이 점차 작아졌다. 그의 새로운 직원의 다수는 서투른 영어실력을 가졌고, 명령에만 따랐다. 게다가 발생된 일에 대해 필요했던 것에 대해서 의사소통을 하는 데 어려움을 가졌다.

여전히 공장이 명백하게 전환하려면 상의하달 방식의 명령을 요구했었다. 그래서 그는 생산라인을 닫고 지지한 두 개의 그룹의 구조를 변경, 관리자들의 약 5%를 해고, 라인을 떨어뜨리기 위한 요구를 포함한 공격적인 계획을 제안했다.

그들은 예의 바르게 들었지만 거의 아무 말도 하지 않았고, 아무 행동도 하지 않았다. 그래서 그 계획은 수포로 돌아갔다. 심지어 그가 그의 직원 중에게 긍정적인 행동을 강요하기를 시도했을 때 오스카는 실수를 만들고 있는 자신을 발견했다.

그의 변화로 두 달은 공장 분석가에 의해 설계된 두드러진 생산품을 예측한 모델을 승인하기 위해 결정했다. 그는 공장 관리자의 미팅에 그녀의 기여에 칭찬했다. 그리고 그들의 반응에 놀랐다.

모든 사람들은 그녀와 함께 불편하게 앉아 있었던 분석가들을 깔보고 있었다. HR의 우두머리와 대화 이후에 오스카는 개인적 이상의 수집된 품위, 중국사람 문화와는 반대로 개인적 성취에 초점을 두어야 한다는 것을 깨달았다.

오스카는 문제들을 더 나쁘게 만들면서 그의 최근 연설에서 그룹이 해야 할 것, 그룹이 가야 할 곳, 등등의 이해 없이 U.S.로 여행을 원하는 공식적 지역 중국 사람들의 그룹에게 비자 신청을 승인함으로써 "사업이 올바른 방법으로 행하는 것"에 대해 무효화시켰다.

그의 고용인들은 그를 적절하든 안 하든 모든 종류의 요구를 찬성하는 한 사람으로 봤다. 그 사이에 제니퍼와 아이들은 베이징에 도착했고 불안정한 시작이 되었다. 공기는 그녀가 기대했던 것보다 훨씬 나빴고, 그녀의 이웃들은 영어를 잘하지 못했다.

그래서 제니퍼는 어렵게 그녀와 의사소통할 수 있는 아이들 돌보미를 구했다. 오스카와 제니퍼는 중국에서 일과 삶을 맡길 예정이라고 결정해 왔다. 그들은 문화에 그들 자신을 맡기길 원했다.

그래서 그들은 이전에 국외 거주자에 의해 거주했던 사람보다 오히려 공장의 중국 관리자에 의해 선호된 이웃과 사는 것이 적합했다. 이것은 중국에 삶의 기본을 이해하고 집을 정하는 것을 시도함으로써 그녀의 고립을 떠났다.

그의 가족이 도착했던 막 몇 주 후에, 오스카는 한밤중에 눈물로 제니퍼를 만나기 위해 집으로 왔다. "다섯 달 전에, 나는 해야 하는 것을 높은 간부에게 말하는 중이었어요." 그녀는 흐느껴 울면서 말했다. "지금 나는 심지어 세탁물을 맡길 세탁소 점원을 요청할 수가 없어요!"

● **국제적 임무 도전**

오스카의 스토리는 친숙한 환경에 리더십 위치로부터 큰 책임감을 요하는 해외 환경 리더십 위치의 성공적 변화를 만드는 것은 복잡하다는 것을 증명했다.

해외로 위치 바꿈에 대해 더 선택적이 되기 위해 회사를 강요하는 중일지라도 다수의 회사는 중국, 인도, 브라질 그리고 영국과 같은 중요한 국가들은 전략적이게 관리적 재능을 보내기 위해 지속한다.

적절한 성장을 추진하기 위해 해외 확장에 의지하면서 이 조직체는 세계 기술과 과정, 시스템을 이동할 수 있는 사람과 문화, 다양한 시장 중에 많이 이동한 경험과 지성을 가진 '세계화' 지도자들의 핵심그룹 발전을 필요로 하는 것을 인식한다.

그들의 일부분을 위해, 그들의 직업에 일찍이 국제적 경험을 얻은 간부들은 그들의 일에 진행 이상의 적응능력과 더 큰 민첩성을 좋아한다. 그들은 일반적으로 그들의 '국내의' 동료들이 하는 것 이상 더 능숙하게 복잡한 관리 이슈를 다룬다.

그들은 또한 튼튼한 기반을 다진 조직체, 특히 오늘날의 세계화에 더 넓은 기회의 정착을 위해서 그들 자신을 개방한다. 그래서 회사들과 지도자들은 그들이 이 혜택들을 얻기 위해서 어떻게 확신해야 하는가?

오스카와 같은 국제적 이동의 연구를 통해 우리는 녕백하지 못한 개인적, 조직적 변화를 다루는 도전을 태클걸기 위해서 몇몇 기초적 원인들을 확인해 왔다. 이 단순한 규칙들은 성공적 리더십 변화와 실패 사이의 다른 점을 만들 수 있다. 구체적으로 해외임무에 개인적 효과에 대한 세 가지 원리는 다음과 같다.

원리 1: 첫째 가족을 기초로 세워라.

만약 당신의 집 생활이 혼돈에 있다면 당신은 당신의 새로운 역할에 성공적이 될 수 없다. 어떤 사람들은 배우자 또는 아이들 없이 해외 임무를 하러 간다. 이 관리자들은 고립과 위치 바꿈을 지탱할 네트워크망을 세우길 필요로 한다.

여기 우리는 그들의 가족과 함께 외국인 도시로 이동을 한 해외근무 지도자들의 다수에 초점을 둘 것이다. 당신은 기꺼이 뒤쫓는 기회에 대한 구체적 결정을 내리기 전에 당신의 배우자와 함께 국제적 임무에 대해서 의사소통을 면밀하게 가지는 것이 중요하다.

당신는 변화의 모든 특성, 즉 문화이동의 척도, 집으로부터의 거리, 네가 속해 있게 될 삶에 환경의 유형(당신의 배우자의 능력을 발견하기 위한 친구 관계, 일 그리고 다른 계열회사, 당신의 아이들이 다닐 학교)을 고려하는 것을 필요로 할 것이다.

오스카와 제니퍼에게 있어서는 중국으로 이동이 그들이 추측했던 것보다 훨씬 더 큰 도전이었다. Brookfield Global Replacement Services 에 의한 조사에 따르면 2008년에 세계화적인 경영간부로 최고 도착 지였다.

그러나 그것은 또한 상황을 다루는 데 있어서 점차적 다른 점과 사업 환경들 때문에 임무실패의 가장 큰 비율로 위치되었다. 그의 아내와 함께 이동을 의논함에 있어서 오스카는 언어장애물과 더러운 공기와 같은 것을 윤택하게 했다.

그는 사회적 발전과 아이들의 인지 그리고 그것이 그의 직업을 위해 얼마나 좋은 것인지를 강조했다. 또한 제니퍼가 아이들에게 더 많은 시간을 헌신하기 위해서 높은 힘을 가진 직업을 포기한 것이 제니퍼가 경험해 왔던 가장 큰 변화였다.

만약 네가 가족에 대한 혼란을 최소화한다면 당신은 모든 사람들이 새로운 정착에 번영할 수 있는 확률을 증가시킬 수 있다. 아이들을 위해서 당신은 그들의 학교 교육에 자연적인 중단과 함께 동시에 이동할 곳을 시도해야 한다.

당신은 또한 당신의 일터를 정착하는 동안 당신의 배우자를 위해서 여분의 지원에 대해 정렬을 해야 한다. 이것은 제니퍼가 그들의 중국에 속한 배, 짐, 판매에 대해서 커플 아파트를 준비하기 위해 홀로 일함으로써 어려운 방법을 배웠다. 이 시간 사이에 모든 것들에 대해서 스트레스를 받게 될 수 있다.

사회에 다른 국외 거주자와 함께 살지 않는 것을 선택함으로써 그들의 어려움이 뒤섞인 오스카와 제니퍼는 그들의 욕구를 충족하기 위해서 고안했다. "사람들과 함께" 살기 위한 추진력은 칭찬할 만하다고 확실히 보답 받을 수 있다.

그러나 특히 문화의 변화가 상당하고 네가 결코 다른 나라로 갈 수 없을 때 대부분의 관리자에게 있어서는 이러한 선택은 권장할 만한 것이 아니다. 평탄한 변화를 만드는 데 있어 중요한 요소는 가능한 한 많은 친밀함을 보유하는 데 있다.

이러한 마음가짐을 가지고, 네가 비행기에 발을 들이기 전에 국외 거주자를 위한 다른 상담 서비스와 직업과 남편을 지원할 네트워크 망의 재원인을 확인하는 것이 당신의 새로운 위치를 도울 수 있다.

당신의 가족 구성원 중의 하나가 그 나라의 사람을 알기 위해서 미래의 동료와 이메일 관계를 형성해라. 만약 네가 아이들이 있다면 같은 학교에 다니거나 같은 나이 아이들을 가진 국외 거주자와 연결을 시도해라.

동료, 친구, 집에 온 가족과 함께 규칙적 의사소통을 유지하기 위해서 방문자를 초대하고 또는 심지어 당신의 새로운 집에 가족들의 모험심을 이야기할 수 있는 블로그를 개설해라.

원리 2: 시작부터 신용과 개방성을 쌓아라.

새로운 지도자는 첫째로 문제들에 초점을 두는 경향이 있다. 특히 만약 새로운 역할로 전환하기 위해서는 오스카처럼 그들은 잘못된 것을 고치기 위해서 노력한다. 위험은 "여기에는 어떤 좋은 것이 없다."는 메시지를 그들이 보낼 것이라는 것이다.

이것이 모든 지도자에게 덫인 반면 자기 나라 사무실에서 국제적인 임무로 옮겨 갈 때는 특히 문제가 된다. 그 조직의 모든 사람들은 이미 방어적인 태세를 갖추고 있고 이것을 구체적으로 던질 때 약간의 강화만 있으면 된다.

이 덫을 피하기 위해서 사람들은 간접적 전달을 하는 것 대신에 많은 질문을 요청한다. 오스카와 같이 당신은 꽤 확실히 중심적 이슈라는 것을 안다. 동료와 고용인들에게 당신의 이론이 옳다는 것을 증명시켜라.

그리고 일한 것, 또는 네가 가지고 있는 정보 대 네가 가지고 있지 않는 정보에 대한 자료보다 오히려 잘못된 것에 배타적으로 초점을 두는 것을 피하라. 당신의 사무실을 정착하는 것은 기다려라.

그리고 그들이 있는 당장 맨 앞줄로 가서 그들이 하는 얘기를 정말로 들어라. 만약 네가 어느 날 정착하기를 시작한다면 소식은 빠르게 조직체를 향하여 퍼질 것이다.

네가 여전히 당신의 도착에 대해 계획 중이라면 당신은 회사와 함께 당신의 역사를 구체화하거나 조직체, 문화적이 되거나 당신와 함께 연관될지 모르는 전략의 저장을 취하길 원할지도 모른다.

네가 들어갈 조직체의 특질과 문제 지역, 네가 강화에 대한 이해를 미팅에서 증명하고 또는 지역적 언어를 사용, 말하는 이 선략들을 대항하며 플레이해라. U.S. 문화로부터 중국 문화는 어떻게 다른지 바르게 판단하기 위한 오스카의 실패는 그가 젊은 공장 분석가를 선발할 때 분명해졌다.

오스카는 회사 안팎으로 "문화적 해석들"의 확인을 잘해 왔다. 이상적으로 당신는 첫 번째로 네가 이동한 문화에서 일한 경험이 많은 국외 거주자, 두 번째로 그 국외 거주자와 같이 일의 경험이 많은 토착민 이렇게 두 가지를 확인할 수 있다.

그들은 당신를 전후 관계에 적절한 방법의 생각과 당신의 의도를 말하며 전환시키는 것을 도울 수 있다. 그의 자기 나라에서 강한 감정적 지능을 가진 지도자는 새로운 문화에 대해 잘못된 계산의 무덤을 만들 수 있다.

마지막으로, 만약 시간이 있다면, 회사로 들어가기 위해 쓰인 계획을 발전시켜야 한다(이것을 하기 위한 방법의 지침을 위해 "초기 계획"을 참조해라).

당신의 지역적 HR 직원들, 당신의 보스, 새로운 직접적인 기록과 함께 그것을 공유해라. 그러면 그들은 네가 얼마나 조직체의 변화를 이끌기 위한 생각을 하고 있는지 이해할 것이다.

● 초기 계획을 세워라

국외 거주 사람들은 국제적 임무를 위해 자신을 준비할 수 있다. 여기에 그 목록을 제안했다.

① 네가 새로운 국가로 이동하기 전에

당신의 새로운 임무를 이끌기 위해서 일, 주 그리고 매달 중요하다. 그리고 네가 전문적으로 개인적으로 취해온 도전들을 선별하듯이 잠재적으로 미치는 것은 중요하다.

시장의 국내와 국외의 전망에 대해 모은 것을 네가 할 수 있는 만큼 많이 읽어라. 당신는 전문가가 될 수 없다. 그래서 당신는 심지어 시도하지 않는다. 그것의 인식은 네가 찾는다.

지역적 상담자를 확인, 누가 경쟁적인 환경과 시장의 국가에 대해서 당신에게 요약할 수 있는가. 당신의 도착에 앞서서 미팅을 세워라. 그리고 네가 국가에 있을 때 따르라.

언어를 배우는 것을 시작해라.

당신는 결코 유창하게 될 수 없을지 모른다. 그러나 당신의 시도는 가망성을 증명할 것이다.

네가 들어갈 상황에 대한 가설을 발전시켜라.

재조정 또는 몇몇 다른 생활 순환 단계를 전환하는 조직체가 있는가? 회사 안의 전체 분위기는 무엇인가? 재능 있는 생산자는 얼마만큼 깊이 있는가?

당신의 새로운 지도자와 함께 상담해라.

비평적 판돈보관인에 대해서 말해라 그리고 당신의 가설을 테스트하기 시작하고 견식을 모으기 위한 이용 가능한 수행 자료를 조사해라. 그러나 이 단계에서 당신 자신을 위한 당신의 관점을 유지해라.

② 네가 새로운 국가로 이동한 후에

첫째 24시간, 첫째 주, 그리고 첫째 달에 네가 할 수 있는 것과 네가 말할 수 있는 것의 좋은 생각 없이는 당신는 당신의 소유한 전략적인 계획을 향한 이동보다 오히려 각 조직체를 발끈하게 하는 반응의 위기관리에 직면한다. 이 네 가지 단계는 계획을 수행하고 계획을 세우기 위해서 필요하다.

상황의 원인을 분석하라.

일찍이 앞선 사람들 주위로 리더십 팀을 정렬해라. 그러나 오직 잘못된 것에 초점을 두지 마라.

전략적인 방향을 세워라.

전략적인 방향 주위로 조직체를 정렬해라.

중요한 시스템들과 과정들을 고쳐라.

그리고 일치하는 실행을 위해 노력해라.

당신의 최종적 퇴장의 예상에 지역적 재능의 발전을 촉진하라.

원리 3: 승낙에 대해 심각성을 취해라

사업표준과 게임의 규칙은 네가 하나의 기업의 문화적인 환경에서 다른 하나의 기업의 문화적인 환경으로 옮겨 갈 때 극적으로 변할 수 있다. 그 지역의 사업에 대한 적합한 관점이 당신의 고국의 사업에 대한 관점과 네 자신의 사업에 대한 관점이 꼭 일치하는 것은 아니다.

때때로 잘되기도 한다. 그러나 그것은 치명적이다. 지역적 회계감사와 다른 승낙 시스템들은 당신의 평판과 당신를 보호하지 못할지 모른다는 것은 현실이다. 그것은 승낙 이슈를 관리하고 확인하고 고려하기 위해서는 변화하는 국제적 간부에 대해서는 비평적이다.

게다가 그들은 다시 한때 문제를 일으킨 곳으로 이동, 그들의 행동에 대한 자세한 의구심 앞에 사람들을 요청, 그리고 승낙 임원의 우두머리의 비공식적인 역할을 취하길 필요로 한다.

중요한 것은 네가 경험이 없으나 사업을 받아들이는 방법과 그리고 심각한 승낙 과실 사이를 차별화를 두어야 한다는 것이다. 이것은 특히 사업과 판매에 대한 책임이 있는 지도자에 대해서 중요하다.

위험요소들은 사업에 대해 나쁜 영향을 미치는 법 물질 또는 질 떨어지는 통제, 그리고 판매에 대해서 의심적인 거래를 만드는 업무를 포함할지 모른다. 관리자의 판단에 인지된 몇은 오스카가 어려운 방법을 배웠던 것처럼 긴 그림자로 내던질 수 있다.

여행 비자를 승인함으로써 그는 꽤 조직체 안에서 그의 신용은 떨어졌다. 여기서 다시 문화적 해석자는 귀중하게 될 수 있다. 만약 오스카가 중국에서 수년의 경험을 쌓아 온 사람, 펜을 잡는 것으로부터 변화한 지도자로 향하게 할 수 있는 사람, 즉 믿을 수 있는 조언자를 두드려 왔다고 상상해라.

임무는 예측할 수 없게 되고 함정은 많아진다. 그러나 국제적 임무는 열망하는 지도자가 부여받을 수 있는 가장 흥미 진지하고 도전적인 변화 사이에 있을 수 있다. 올바른 계획과 태도와 함께 이 리더십 역할은 사람과 긍정적인 방향에 이익으로 이끌고 가정, 도전, 능력들은 곧게 뻗어 나갈 수 있다.

부록 영어스피치 7

We should be careful to get out of an experience

only the wisdom that is in it—and stop there;

lest we be like the cat that sits down on a hot

stove—lid.

She will never sit down on a hot stove—lid again—and

that is well;

but also she will never sit down on a cold one anymore.

Mark Twain

Attitude

There is little difference in people,

but that little difference makes a big difference.

The little difference is attitude.

The big difference is whether it is positive or negative.

W. Clement Stone

Billionaires love their jobs

not because their jobs make them wealthy—

but because they wouldn't have gotten so wealthy doing something

they hated.

You have to love what you're doing,

because then it won't seem like work to you,

and you will bring the necessary energy to profit from it.

Donald John Trump

Passionate people get things done.

Passion for doing what you're called to do resonates in every fiber

of a true leader.

Passionate people energize other people and build enthusiasm.

And as you surely know, enthusiasm is contagious.

Leonard H. Roberts

Use the formula P = 40 to 70,

in which P stands for the probability of success and

the numbers indicate the percentage of information acquired. Once

the information is in the 40 to 70 range, go with your gut. Don't take

action if you have only enough information to give you less than a 40

percent chance of being right, but don't wait until you have enough

facts to be 100 percent sure, because by then it is almost always too late.

제8강

강의 훈련

강의 훈련

강의 주제) 홍박사와 함께하는 창업여행

1. 창업여행을 떠나며(1)

창업을 여행과 비교하는 것이 좀 낯선 느낌입니다.

사실 여행보다 사람의 창의력을 촉진하는 수단은 많지 않습니다.

여행하면서 많은 사람들을 만나기도 하고 다른 지역의 풍경과 문화들을 접하면서 신기하고도 새로운 경험을 할 수 있습니다. 그러면서 평소에 읽어 보고 싶었던 책들을 통하여 자신과의 시간을 가질 수 있습니다.

여행을 하기 전에는 가슴이 뛰는 설렘으로 여행의 목적과 장소를 결정하며 목적지에 대한 정보를 조사하고, 일정 계획(교통편과 비용, 시간표, 외국인 경우 여권이나 비자 취득 기타) 등 준비를 하게 됩니다. 그러나 어떤 사람들은 무작정 떠나기도 합니다. 계획을 하고 떠나면 재미가 반감된다고 하는군요.

즉 A는 충분한 준비를 하고 여행을 떠났습니다. 도착해서 계획대로 숙소를 정하고 일정을 시작할 수 있습니다. 매일 일정을 마치고 숙소에 돌아와서 하루 일과를 정리합니다. 새로운 사람들과 사귀고, 새로운 정보와 지혜를 얻으면서 5박 6일의 여행을 끝내고 돌아와서는 여행을 정리하는 글을 쓰고, 또한 이 여행을 통하여 새로운 생활을 시작하기도 합니다.

B는 회사를 그만두고 무작정 짐을 쌌습니다. 그러고는 기차를 탔습니다. 애인과 가족들에게는 '잠깐 머리 식히려 떠납니다. 돌아와서 뵙겠습니다.'라고 문자를—요즘 얘기로—날립니다. 이런저런 생각을 하면서 머리를 정리하고 새로운 각오도 합니다. 곧 열차의 종착지에 다가온다는 방송이 들리는군요. 그러나 오다가 마신 술의 취기가 아직 가시지 않습니다. 도착해서 역을 나오니 시커먼 어둠이 성큼 다가오는군요. 처음 오는 곳이라 방향 감각이 없습니다.

여행 패턴은 주로 이렇게 두 가지로 나뉩니다. 목적지를 정하고 준비를 하고 가는 A타입, 목적도 없이 바람처럼 떠나는 B타입. 사람들은 어느 것을 더 선호할까요? 물론 대부분 A타입을 선택하지만, B타입을 선호하는 사람도 꽤 있습니다. A타입은 안정적이고 확실한 것을 원하고 큰 고생을 하고 싶지 않은 타입입니다. B타입은 모험적이고 전혀 다른 무엇인가를 추구하는 사람들이 신호합니다. 그들은 위험하고도 힘든 일정이라는 것을 어슴푸레 알고 있지요.

B가 궁금합니다. 운이 좋으면 괜찮은 숙소를 얻고, 식사를 할 수 있겠지만, 운이 좋지 않으면 허름한 여인숙의 차가운 방에서 밤을 지새워야 합니다.

"밥이 다 떨어졌는데요."라는 주인장의 답변에 치미는 화를 참으면서 말이죠. 그러나 새벽녘에 그는 불현듯 이런 생각이 들었습니다. '급하게 어디를 떠나야 하는 사람들에게 정보를 제공해 주는 여행지원시스템이 있으면 얼마나 도움이 될까?' 또는 '이렇게 고생을 사서라도 한다는 것이 얼마나 자신을 뒤돌아보는 계기가 되는가, 이를 위한 패키지 프로그램을 만들면 어떨까?' 등.

생각보다 많은 사람들이 계획적인 여행보다는 무계획적인 여행을 선호하고 있다는 것이 아직도 이해가 잘 안 되리라고 생각합니다.

'고생을 왜 사서 하지? 지금도 힘든 상황인데.'

창업을 하는 사람들은 대부분 이렇게 두 가지 타입이 있습니다.

'일단 뛰어들고 보는 거야(B타입).'

'지금부터 준비를 해야겠어. 준비가 잘 되면 곧 시작하는 거야(A타입).'

여러분은 어떤 타입입니까?

만약 B타입인 경우, 운이 좋으면 성공할 수 있지만, 실패할 위험이 높으며 많은 어려움이 닥치게 되어 결국 매우 높은 수업료를 내고 창업학교를 수료해야 하는 과정을 선택하는 것이라고 생각합니다. 여기에도 변수가 있을 수 있습니다. 예외라는 것이 늘 존재합니다. 이미 그 분야나 업종에서 충분한 경험과 교육 훈련이 되어 있는 경우가 있습니다. 그것은 결단이라고 할 수 있습니다. '독립'이라는 결단.

따라서 창업에 있어서 충분한 준비는 매우 중요합니다. 철저한 준비과정을 통하여 가치 있는 업종이나 아이템, 분야를 볼 수 있는 식견과 지혜, 판단력 등을 키울 수 있습니다. 소위 되는 업종이나 분야, 아이템 등을 제대로 볼 수 있는 능력, 그것은 얼마나 잘 준비했느냐에 의해서 결정됩니다.

준비하는 과정 중에서 가장 먼저 해야 할 것은 ─ 먼저라기보다 가장 중요한 부분은 ─ 자신의 창업 유형과 창의력 수준의 인식이라고 할 수 있습니다.

내가 어떠한 창업 유형인지 창의력 수준이 어느 정도 되는지를 알게 되면 적성에 맞는 업종이나 분야 등을 어느 정도 파악할 수 있고, 얼마나 무엇을 준비해야 할지를 예측할 수 있습니다.

그다음에는 과거의 동향과 현재의 흐름, 미래의 전망 등을 조사하고 섭렵하는 과정이 중요합니다.

그 밖에 중소기업 창업지원법과 지적 재산권과 관련된 법률적 지식과 브랜드, 상권분석, 입지선정, 권리분석, 임대차계약, 아웃테리어, 전시물, BGM 등과 같은 창업 지식도 필요합니다.

또한 관련된 분야에 대한 직간접적인 경험도 도움이 되고, 창업에 대한 실패 사례와 성공 사례 등을 살펴보고, 마지막으로는 전략적 마인드 및 경제인 마인드를 갖춘다면 훌륭한 예비 창업자로서 부끄럽지 않게 됩니다.

'이렇게 많은 것을 언제 익히고 언제 창업을 하지.' 하고 의문을 가질 수 있지만 이후 닥치는 많은 어려움과 위험을 극복하기 위해서는 이것들은 필수라고 할 수 있습니다. 세계적인 벤처산업의 기원인 실리콘 밸리에서도 창업 이후 성공률이 1/1,000 이라는 통계가 창업이 얼마나 어려운지를 말해 주고 있습니다. 이러한 준비과정을 거쳐서 창업의 본 과정에 들어감으로써 보다 기초가 튼튼한 창업을 해 나갈 수 있습니다. 본 과정에서는 가장 먼저 해야 할 것이 업종 선정 과정으로서 첫 단추를 꿰게 됩니다.

첫 단추를 잘못 꿰게 되면 그 옷이 엉망이 되듯이 첫 단추를 얼마나 잘 꿰느냐 하는 것이 관건이 됩니다. 결국 업종 및 아이템 선정은 창업의 열쇠라고도 할 수 있을 만큼 잘 선택되어야 합니다. 왜냐하면 일단 결정하게 되면 관련된 분야에서 비용 및 시간의 투자가 이루어지며, 시작한 후에는 빠져나오기가 쉽지 않습니다. 따라서 적절한 업종선정 및 아이템 개발을 위해서 신중을 기하여 노력해야 합니다. 모든 노력에는 그 보답이 있습니다.

업종선정 및 아이템 개발을 위하여 5단계를 활용할 수 있습니다.

첫 단계는 후보 아이템 선정 단계입니다.

둘째 단계는 내부 및 외부 환경 분석입니다.

셋째 단계는 산업 환경 분석입니다.

넷째 단계는 소비자 환경 분석입니다.

다섯째 단계는 전문가 멘토링 단계입니다.

이를 통하여 업종선정 및 아이템 개발이 이루어지게 됩니다.

이런 과정을 거치고 나서 결정된 업종 및 아이템에 대하여 타당성 분석을 하지 않으면 객관적인 검증을 할 수 없습니다. 비교적 우수하다는 분석 결과를 확인하게 되면 자신감을 가질 수 있습니다. 사업계획서 작성은 업종선정 및 아이템 개발 과정을 바탕으로 사업타당성 분석 결과를 적절히 활용하고, 조직도와 추정 재무제표, 일정표 등을 첨가하면 투자자들의 마음을 흔들 수 있는 사업계획서가 완성됩니다.

사업계획서가 이루어지면 그 일정에 따라서 회사 설립 및 사업자 등록을 하고 제조업인 경우 공장 입지선정과 공장 건축, 공장 설립, 인허가 취득과 사회보험에 따른 여러 행정 절차를 거쳐서 사업을 시작하면 됩니다. 비제조업, 즉 서비스업이나 유통업, 외식업 등의 경우에는 점포나 사무실 등을 임대하게 되거나 건물을 매매하게 되는데, 준비과정에서 익혔던 상권분석부터 임대차계약 과정의 창업지식을 활용하고, 임대가 이루어지면 인테리어에서부터 BGM까지의 과정이 진행됩니다. 비제조업에서도 보험 관련 행정절차를 통하여 이후 불이익을 당하는 일이 없도록 해야 합니다.

본 과정을 통하여 창업이 성공적으로 이루어지면, 그동안의 투자 자본을 회수하고 성장 및 발전할 수 있도록 촉진해야 하는 유지 및 성장 단계에 들어서게 됩니다. 이 기간을 5년 정도로 보고 있으며, 이 기간 동안 흑자를 낼 수 있도록 정부로부터 지원을 받을 수 있습니다. 동시에 창업자는 다양한 측면에서 최선을 다하여야 합니다. 경영전략을 잘 수립하고, 생산 및 기술부문과 마케팅, 재무관리, 인사관리 등의 측면에서 효율적인 경영이 이루어져야 합니다.

지금까지를 전문 용어로 '창업의 체계'라고 하며, 그것은 거창한 것이 아니라 준비과정과 본 과정, 유지 및 성장 과정 등으로 구성되어 있다는 것을 알 수 있습니다. 다시 정리해 보면,

준비과정에서는 나의 창업유형 및 창의성 지수를 인식하여 적합한 창업업종 및 분야를 탐색하는 것으로 시작하여 마지막으로 전략적 경제인 마인드를 갖추는 것으로 이들을 통하여 본 과정에서 부닥치게 되는 다양한 위험을 예측할 수 있습니다.

본 과정에서는 업종선정의 중요성을 확인하고 사업타당성 분석을 통하여 사업계획서를 작성하며 회사를 설립하고, 제조업 및 비제조업의 따라 창업절차를 거쳐서 사업을 시작하게 됩니다.

유지 및 성장 과정은 최대한 빠른 시기에 그동안의 투자 자금을 회

수하고 수익을 낼 수 있도록 스스로 최선을 다하고 지원을 받을 수 있는 단계입니다.

따라서 창업기업은 창업 후 보통 5년 이내의 기업을 말하고 있으며, 이 기간 동안 앞으로 대기업으로 성장할 수 있는 기초를 갖추게 되는 것입니다.

앞으로 저자는 창업의 체계를 구성하고 있는 세 가지 과정들 중에서 업종선정 및 분석에 관련된 분야를 중심으로 창업여행을 떠나려고 합니다.

이때 A타입의 여행을 할 것인가, B타입의 여행을 할 것인가는 투표로 정하려고 합니다. 투표지는 여러분 마음속에 있습니다. 마음속으로 목적지를 정할 수도 있고, 정하지 않을 수도 있는 것입니다.

2. 창업여행을 떠나며(2)

여행을 갈 때 옷이나 수건, 가방 등은 잘 챙기지만 미처 준비하지 못하는 것이 있습니다. 어떻게 여행을 즐기고 여행에서 무엇을 얻을 것인가에 대한 관점입니다. 보다 창의적인 기준을 수립하여야 한다는 것입니다.

이를 위해서는 현재의 나를 잘 파악하여야 하며 어떤 스타일이나 패턴의 여행에 적합한 것인지를 스스로 잘 판단하여야 합니다. 결국 '나 자신을 잘 알아야 한다.'는 것입니다. 어떤 이는 새로운 나를 발견하기 위해 혹은 나 자신의 본모습을 발견하기 위해 여행을 떠난다고 합니다. 그런 의미의 여행이라 하더라도 '먼저 자신의 스타일'을 잘 이해하여야 하는 것입니다.

창업에 있어서 준비를 하거나 본 과정, 성장과정 등에 있어서 자기 자신의 유형이나 패턴, 스타일, 수준 등을 정확히 인식하고 있어야 올바른 의사결정이나 판단을 할 수가 있는 것입니다. 따라서 창업자가 창업을 준비하는 데 먼저 자신의 '창업의 유형'을 정확히 판단할 수 있어야 이후의 모든 결정에 시간과 비용이 절감될 수 있습니다. 또한 창업과 경영에 필요한 '창의력 지수'를 스스로 측정해서 현재 자신의 수준을 알고 있어야 하는 것입니다.

창업의 유형은 많은 전문가들이 새로이 창업을 시작하려고 하는 예비창업자들에게 먼저 테스트하는 과정입니다. 창업의 유형은 크게 4가지로 구분할 수 있습니다.

첫째는 생계형(창업유형)입니다. 생계형은 일반적으로 기술 수준이 매우 낮으며 경쟁이 심하나 이익이 작은 것이 특징입니다. 거리를 마주 보고 2개 이상 있는 소형 점포 및 가게, 분식 및 김밥 집, 노래방, pc방, 비디오방, 한식당, 패스트푸드, 편의점, 의류점, 아이스크림 및 베이커리 등이 있습니다. 시장에 형성되어 있는 가게들의 대부분입니다. 그러나 현재 생계형을 하시는 분들 중에는 소위 대박이 나신 경우도 있습니다. 이런 분들의 공통점을 잘 살펴보면 유사업종의 종사자들 중에서도 '기술수준이' 매우 높다는 것입니다. 여기서 말하는 기술이란 고급수준의 엔지니어링 스킬이 아니라 간단하고 단순한 기술의 도입과 현재 기술의 업그레이드를 말하는 것입니다. 예를 들어 목이 좋아 장사가 잘되는 김밥 집에 가 보면 '김밥기계'를 볼 수 있습니다. 1시간에 200개 이상을 만들어 낼 수 있는 능력이 있습니다.

둘째는 기술형(창업유형)입니다. 기술형은 말 그대로 기술 수준이

다소 높으며 자격 및 면허가 요구되는 업종으로 경쟁이 다소 있으나 이익이 어느 정도 보장되는 것이 특징입니다. 법무사 사무실이나 노무사, 변호사, 회계사 등의 사무실. 정보통신 서비스의 수리업이나 판매업, 안경점 및 약국, 병원, 한의원, 일식전문점, 전기 전자 업종 등이 있습니다. 기술형에서 성공하기 위해서는 마케팅 능력이 무엇보다 중요합니다. 현재 기술형으로 대박이 나신 분들은 대부분 마케팅 능력이 우수한 경우입니다. 제가 아는 어떤 한의사는 거의 무료로 이른 아침 방송에 출연하여 상담이나 조언을 해 주고 있습니다. 그 이유가 무엇일까요?

셋째는 벤처형(창업유형)입니다. IT를 중심으로 기존 업종에 새로운 기능을 추가하거나, 용도를 변경시킴으로서 새로운 소비를 창출하는 업종으로 산업로봇, 텔레매틱스, 유비쿼터스 산업 등이 있습니다. 또는 IT, BT, CT, NT, ST, ET, 녹색성장산업 등을 중심으로 원천기술을 확보하여, 기존 산업과 전혀 다른 업종이나 제품을 창조함으로써 수익을 독점적으로 확보할 수 있는 산업입니다. 따라서 오랜 기간 동안 경쟁력을 확보할 수 있습니다. 의약품, 에너지, 방위산업 등이 있습니다. 이러한 벤처형의 성공조건은 무엇일까요. 현재 벤처사업을 하고 있는 경영자에게 문의해 본다면 무엇이라고 대답할까요. 답은 창업자에 의한 경영이 아니라 전문경영자에 의한 프로경영이라고 할 수 있습니다. 현재 잘 운영되고 있는 벤처기업의 대부분 전문경영자에 의한 경영입니다(NHN이나 구글, IBM, MSN, 델컴퓨터, 안철수바이러스연구소 등).

넷째는 투자형(창업유형)입니다. 보통 위탁 경영형 창업이라고도 하는데, 초보 창업자 나 부업 및 해외거주 시 유리한 창업 형태라고 할 수 있습니다. 프랜차이즈인 경우 본사가 점포를 운영해 주고, 매출의 20%를 점주에게 나누어 주는 방식입니다. 장기적으로 안정적인 수익을 올릴 수 있는 아이템을 선택하여 투자하고, 특히 투자자 명의 인지를 확인하여 매장을 개장하여야 한다. 이러한 투자형의 성공조건은 얼마나 '점포의 위치'가 좋은지가 관건입니다. 특히 잘되는 프랜차이즈의 경우 목이 차지하는 비율이 80% 이상이라고 해도 과언이 아닙니다(스타벅스나 아웃백, VIPS 등).

이 중에서 자신의 스타일과 가장 관계가 깊은 유형을 정확히 선택하여 이후의 준비과정이나 본 과정, 성장과정 등에서 요긴하게 참고할 수 있습니다.

다음 창의력지수의 측정은 일반적으로 4가지 측면에서 평가되는데 문제해결력과 지식과 정보, 전문성, 개성 등으로 구성되어 있습니다.

먼저 문제해결력은

1. 실패하면 곧 다시 도전한다. ( )

2. 다른 사람에게 의존하지 않는다. ( )

3. 일단 계획하면 행동한다. ( )

4. 몰입할 때와 그만둘 때를 안다. ( )

5. 가치관이 뚜렷하다. ( )

6. 최신 징보를 습득하는 것을 좋아한다. ( )

7. 궁금한 것이 있으면 직접 확인한다. ( )

8. 문제의 핵심을 잘 파악한다. ( )

9. 하고 싶은 일은 기어코 한다. ( )

등의 9가지 문항으로,

두 번째는 지식과 정보에 대한 설문으로

10. 세심한 관찰력이 있다. ( )

11. 특별한 재능을 보이는 분야가 있다. ( )

12. 물건을 내 취향에 맞게 바꾸어 쓴다. ( )

13. 한번 보고 들은 것은 그대로 해 본다. ( )

14. 상식이 풍부하다. ( )

15. 관심 분야가 다양하다. ( )

16. 자연과 인간과의 관계에 대해 관심이 많다. ( )

17. 기발한 아이디어를 잘 내놓는다. ( )

등 8가지 항목으로,

세 번째는 전문성에 대한 측정으로

18. 어렵더라도 해 보고 싶은 일은 반드시 시도해 본다. ( )

19. 인생의 목표가 뚜렷하다. ( )

20. 다른 사람에 비해 포부가 크다. ( )

21. 한 가지 일에 몰입하는 경향이 있다. ( )

22. 시간 관리를 효과적으로 한다. ( )

23. 항상 최고가 되려고 노력한다. ( )

24. 자신의 전문 분야 서적을 많이 읽는다. ( )

25. 자신이 하는 일에 대해 열정이 있다. ( )

등 8개의 설문으로,

마지막으로는 개성에 대한 질문으로

26. 주변 사람들에게 싫고 좋음을 분명히 한다. ( )

27. 관례에 따라 행동하는 것을 싫어한다. ( )

28. 사회적 규범에 얽매이지 않는다. ( )

29. 보장된 길을 버리더라도 하고 싶은 일을 한다. ( )

30. 매사에 독특한 해결방식을 추구한다. ( )

등 5개의 항목으로,

결국 총 30문제의 설문문항으로 구성되어 있습니다.

평가하는 방법은 질문에 대하여

매우 아니다: 1, 조금 그렇다: 2, 많이 그렇다: 3, 매우 그렇다: 4

중 하나를 선택하여 기입을 하고 각각의 부분 합계를 내게 됩니다.

*이때 평가하는 당사자는 자신의 입장보다는 제3자의 입장에서 자신을 판단하는 것이 좋은 결과를 얻을 수 있습니다.

각 부분 합계를 더하면 총계가 되고 그것이 곧 창의력 수준을 결정합니다.

총점이 95점 이상이면: S(탁월)

85점 이상 94점 이하이면: A(인재)

75점 이상 84점 이하이면: B(평범)

총점이 74점 이하이면: C(노력)

그러나 각 부분 합계들 중 가장 높은 점수는 자신의 강점이며 가장 낮은 점수는 앞으로 보다 개발하여야 할 분야로 해석할 수 있습니다.

3. 창업여행을 떠나며(3)

본격적으로 여행을 하기 전에 이렇게 해야 할 준비가 많은 줄 미처 몰랐으리라고 생각합니다. 아직도 해야 할 것이 남아 있는데 그것은 여행해야 할 곳에 대한 정보와 지식, 법률 등에 대한 이해입니다. 누군가가 로마에 가면 로마의 법을 따르라고 말했습니다.

가 보려고 하는 지역에 대한 지식 및 정보, 관습, 법률 등에 대해서 미리 알아 두면 매우 편리하겠죠. 심지어 자동차의 진행 방향이 우리나라와 다른 곳이 많고 운전석의 위치가 다르다고 하는 것은 이미 알고 계시리라 생각합니다. 어느 나라에 가면 식사 전에 물이 나오는데 그 물을 식수로 사용해서는 절대 안 된다고 합니다. 그러나 습관적으로 그 물을 입에 대는 실수를 하게 됩니다.

창업에 성공하기 위해서는 준비하는 과정에서 반드시 이해해야 할 정보 및 지식, 법률 등이 있으며 이를 알고 있는 것은 창업절차나 유지 및 성장과정에서 매우 요긴한 부분이 됩니다. 이런 것에는 상권조사나 입지분석, 권리분석 및 임대차계약, 사인보드, BGM, 전시물, 특허법, 실용신안법, 디자인법, 상표법, 중소기업창업지원법 등이 있습니다.

이러한 분야들은 각각이 하나의 전문분야로서 전문가 한 사람이 평생 연구하고 공부한다고 해도 그 분야를 완전히 알고 있다고 할 수 없을 정도로 그 범위가 방대합니다. 그러나 여러분이 공부를 주업으로 하는 대학생이나 대학원생으로, 연구원이 아니기 때문에 세세한 부분까지 알아야 할 필요는 없습니다. 따라서 각 분야의 핵심이나 본질 등을 이해한다면 충분한 것입니다.

순서대로 그 원리나 핵심을 살펴보도록 하겠습니다.

첫째, 상권조사는 여러분이 창업을 하고자 하는 도시나 지역에 대한 상거래의 Power나 흐름을 탐색하는 것입니다. 도시라면 크게 도심권이냐 비도심권이냐로 나눌 수 있고 역세권을 중심으로 A급과 벗어나기 직전까지 B급, 약간 벗어나기 시작하면 C급 등으로 나눌 수 있으며, 큰 도시라면 오피스상권이나 번화가상권, 주택가상권, 대학가상권 등으로 세분화할 수 있습니다.

서울지역의 대표적인 대학가상권은 신촌상권 건대상권 신림동상권 홍익대상권 등이 있습니다. 오피스상권은 말 그대로 사무실이 밀집한 상권으로 여의도나 구로디지털단지 등이 있습니다. 오피스상권의 특징은 월요일에서 금요일 오전까지 또한 오전 9시부터 오후 6시까지로 주요 영업시간이 제한되어 있습니다. 이 중에서 역세권 A급지, 번화가상권이나 4대 대학가상권 등은 노른자위라고 할 수 있으며 소비자의 유동성이 가장 크고 소비지출이 많으므로 어떤 업종을 해도 잘 되는 지역이라고 할 수 있습니다.

둘째, 입지분석은 창업하고자 하는 위치에 대한 후보들을 물색하고 결정하는 과정입니다. 즉 A라고 하는 업종에 가장 적합한 상권을 주택가상권이라고 한다면 그 주택가상권 지역에서도 몇 개의 후보지를 선정하여 가장 적절한 위치를 결정해 내는 과정입니다. 그것을 결정하는 방식에는 다양한 tool을 사용할 수 있으나 가장 간편하고 정확한 것을 선택하여야 합니다.

예를 들어 3군데의 후보지에 대하여 월요일에서 목요일까지 중에서 하루를 선택하고 금요일 저녁과, 토요일 일요일 중 하나를 선택하여 유동인구들의 특징을 조사하는 방식이 있습니다. 따라서 주중 하루와 금요일 저녁, 주말 하루 등 3일을 대상으로 하여 후보지들의 소비유동인구들의 특징을 분석하게 되는 것입니다. 분석한 결과 그 업종에 가장 적합한 소비자군을 보유한 후보지를 최종입점지로 결정하게 됩니다.

셋째, 권리분석 및 임대차계약은 최종입점지역의 건물이나 대지에 대한 임대차 계약을 하기 전에 반드시 그 건물에 대한 등기부등본이나 토지대장 등을 세밀히 확인하여 건물소유자와 토지소유자의 일치여부와 건물소유자의 금융현황 및 부채관계 등을 체크해야 하고 건물 내에 창업자의 업종과 유사한 점포가 있다거나 건물주가 직영하는 유사점포가 있다면 재고해야 합니다.

임대차계약을 하기 전에 그 건물에서 영업하고 있는 점포자영업자와 대화를 통하여 어려움이 없는 지를 확인하고 별문제가 없다고 판단되면 임대차계약을 할 수 있습니다. 임대차계약 시 불리한 조항을 개선하고 이후의 발생할 수 있는 문제들에 대한 안전장치를 해야 합니다.

넷째, 점포를 임대하게 되면 업종에 적절한 내부 인테리어를 하고 조명시설 등을 갖춰야 합니다. 특히 외부에 대한 인테리어를 사인보드 혹은 아웃테리어라고 합니다. 내부는 들어와야 볼 수가 있고 계절이나 이슈에 따라 변화를 줄 수 있지만(변화를 주면 매출이 올라요) 외부 인테리어, 사인보드는 한번 구축해 놓으면 변화를 주기 어렵기 때문에 연구에 연구를 거듭하여 설계를 의뢰하고 설치하도록 하여야 합니다.

예를 들어 간판의 칼라와 서체, 크기 등과 더불어 외벽의 칼라와 디자인, 외부조명 및 광고 프레임, 옥상의 광고시스템 등이 잘 조화를 이루어 고객이나 주위사람들에게 호감을 주고 편안한 이미지를 제공하여야 합니다. 이후에도 청결하게 유지되도록 신경 써야 합니다.

다섯째, BGM과 전시물 등을 들 수 있습니다. BGM은 Back Ground Music의 약자로 집필자가 만든 조어입니다. 요즘에는 소비자들이 음악에 대한 상식과 관심이 많고 따라서 소비에 직간접적인 영향력을 갖는 요인 중의 하나이기 때문에 풍부하고 다양한 음원에 대한 확보가 필요합니다. 업종에 따라 다르지만 전문가에게 의뢰하면 오전과 점심시간, 오후, 저녁, 심야 타임 등에 차별적인 운영이 가능합니다.

전시물은 내부에서 고객들에 대한 서비스 차원에서 제공하는 벽면에 붙이거나 걸고, 전시하는 볼거리입니다. 예를 들어 연예인 브로마이드나 영화 포스터, 그림이나 사진, 조각 등의 전시물을 말합니다. 어느 곳에 가면 아직도 1980년대 유명했던 영화배우의 브로마이드와 90년대 영화 포스트가 걸려 있습니다. 빠른 시간 안에 최근의 스타나 영화로 교체하지 않으면 고객들이 식상해할 것입니다.

여섯째부터는 법률과 관련된 것입니다. 창업과 관련된 법률은 매우 많습니다. 이중에서도 반드시 이해하고 있어야 할 법률이 특허에 대한 것입니다. 특허법은 발명에 대한 재산권의 일종으로서 특허권을 인정하고 이를 보호하고 있는 것입니다.

즉 특허법은 새로운 발명에 대하여 공개한 대가로 일정 기간의 독점권을 부여하여 그 기술을 중복 연구하지 않도록 하고, 그 공개된 기술을 이용하여 보다 진보된 기술이 나오도록 발명자 또는 그 승계자로 하여금 그 발명에서 생기는 이익을 독점할 수 있도록 하고 있습니다. 또한 특허법의 보호대상은 발명입니다. 특허법 제2조 제1호에서는 발명을 '자연법칙을 이용한 기술적 사상의 창작으로서 고도한 것'으로 정의하고 있습니다.

일곱째, 실용신안법으로, 실용신안법은 실용적인 고안을 보호 장려함으로써 기술의 발전을 촉진하여 산업발전에 이바지함을 목적으로 제도입니다. 여기서 고안이란 자연법칙을 이용한 기술적 사상의 창작, 즉 물품의 형상, 구조 또는 조합에 관한 창작을 말합니다. 즉 특허법에서 발명이란 기술적 사상의 창작으로서 고도성을 요하나, 실용신안법에서 고안은 고도성을 요하지 않습니다.

여덟째, 디자인 보호법으로 디자인 보호법은 디자인의 보호 및 이용을 도모함으로써 디자인의 창작을 장려하여 산업발전에 이바지함을 목적으로 하고 있습니다.

디자인제도는 특별한 기술적 구성을 파악하는 것이 아니라 순수한 외형의 미감을 시각이라는 관점에서 파악하여 이에 법적 보호를 부여하는 것입니다.

아홉째, 상표법입니다. 상표법은 상표를 보호함으로써 상표사용자의 업무상의 신용유지를 도모하여 산업발전에 이바지함과 아울러 수요자의 이익을 보호함을 목적으로 한다고 규정하고 있습니다. 상표법상의 상표란 상품을 생산 가공 증명 또는 판매하는 것을 업으로 영위하는 자가 자기의 업무에 관련된 상품을 타인과 식별되도록 하기 위하여 사용하는 표장(기호 문자 도형 입체적 형상 또는 이들을 결합한 것)을 말합니다. 자사상품을 식별하기 위하여 사용되는 것이 아닌 표장은 상표가 아닙니다.

이 외에도 관련되는 법률에는 중소기업창업지원법과 저작권법, 컴퓨터 프로그램보호법, 부정경쟁방지 및 영업비밀 보호법, 종자산업법, 반도체칩법 등이 있습니다.

강의 주제) 융복합 인재의 조건

1. 들어가며

대량생산과 대량소비의 산업화시대에서 21세기의 디지털혁명을 통한 정보화시대로 넘어 오면서 정보와 지식이 고부가가치를 창출하게 되고 창의성이 중요한 키워드로 등장하고 있다. 창의성은 예술과 인문학, 기술 등이 결합한 토양 위에서 성장한다.

특히 융복합 사고가 요구되는 시대의 특징을 살펴보면,

첫째, 다양한 고객의 니즈로 대량생산을 통한 획일적 제품 대신 개인의 개별적 니즈를 충족하는 제품을 어떻게 만들 것인가에 대한 초점이다.

둘째, 기능과 감성에 대한 요구로 미래의 융합제품에 대한 수요는 기능적인 것뿐만 아니라 인간적 감성을 만족시키는 방향으로 진행될 것으로 예측된다.

셋째, 기업에서는 전문적 지식과 아울러 관련지식도 섭렵하면서 문제를 해결할 수 있는 역량을 갖춘 인재를 요구하고 있다.

따라서 융복합 인재란 자신의 전공분야에서는 전문가이면서 보편적 교양을 갖춘 인재일 뿐만 아니라 특정분야의 전문가이면서 타 분야에 대한 상식과 이해를 갖추고 커뮤니케이션 능력을 지닌 인재를 말한다.

이러한 융복합 인재가 갖추어야 할 기본적인 조건을 들면 다음과 같다.

2. 건전한 정신건강

1) 정신건강의 개념

정신건강이란 다만 정신적 질병에 걸려 있지 않은 상태만이 아닌 만족스러운 인간관계와 그것을 유지해 나갈 수 있는 능력을 의미한다(미국정신위생위원회).

정신건강이란 사람이 환경을 바람직하게 조성하고 잘 적응하여 만족과 성공, 행복을 누릴 수 있는 능력이다.

정신건강이란 정신적으로 건강하지 못한 상태의 예방 및 치료라는 소극적인 측면과 정신적으로 건강한 상태의 유지 및 증진이라는 적극적인 측면을 모두 갖고 있다.

결국 정신건강이란 자기능력을 최대한으로 발휘하고 환경에 대한 적응력을 가지며, 독립적, 건설적, 자주적으로 자기의 생활을 처리해 나가는 능력으로 이를 위해선 신체적 심리적 사회적 도덕적 측면의 조화가 바탕이 되어야 한다.

2) 정신건강의 조건

야호다는 정신건강의 조건을 다음과 같이 제시하고 있다.

다음을 읽고 수강생들은 자신들의 정신건강을 스스로 평가해 볼 수 있다.

* 자아정체감: 정신적으로 건강한 사람들은 자신을 긍정적으로 수

용하고 필요한 경우에는 자기개념을 수정하기도 하며 자아정체감을 갖고 있다.

(그렇다. 아니다.)

* 자아실현: 정신적으로 건강한 사람은 자신을 인정할 뿐만 아니라 성장, 발달하려는 욕구를 가지고 있으며, 또한 궁극적으로는 자아실현의 동기를 가지고 있다.

(그렇다. 아니다.)

* 통합력: 건강한 사람들은 정신적으로 균형 잡혀 있고, 삶에 대해 통합적인 노력을 하며, 스트레스 상황에서도 항상 통정된 행동을 한다.

(그렇다. 아니다.)

* 자율성: 행동의 결정과정에서 자율적으로 행하며, 독립적인 행동에 대하여 스스로 통제하는 자율성을 보인다.

(그렇다. 아니다.)

* 현실지각 능력: 현실 지각능력이 정확하여 사물을 왜곡하지 않을 뿐만 아니라 현실에 대한 민감성도 갖추고 있어서 다른 사람에게도 보다 적절히 대응할 수 있으며, 적절히 자신의 감성을 주고받을 수 있다.

(그렇다. 아니다.)

* 환경적응능력: 주어진 환경 속에서 대인관계가 적절하고 환경에

의 적응 능력 및 조정능력이 있으며, 사랑할 수 있는 능력이 있고, 문제해결 장면에서도 효율성을 보인다.

(그렇다. 아니다.)

해설) 이 중에서 (아니다)를 1개 이상 선택하였다면 현재 정신건강에 다소 문제가 있다는 것이다.

3) 정신건강 조건의 공통점

건전한 정신건강의 조건들에는 네 가지 사항이 공통적으로 포함되어 있다.

첫째는 자기존중과 타인존중이다. 흔히 정상인들은 자신이 사회집단에 수용된 구성원이라고 느낀다. 그는 다른 사람들을 좋아하며, 그들도 자신을 좋아한다고 생각한다. 따라서 정신건강은 인간관계에서 관용과 칭찬 및 긍정적인 접근, 개인의 존엄성 인정과 깊은 연관을 맺고 있다.

관련된 질문에 답해 보기 바랍니다.

사람들이 당신을 좋아합니까?
(그렇다. 아니다.)
당신은 사람들을 좋아합니까?
(그렇다. 아니다.)
당신은 당신 자신을 좋아합니까?
(그렇다. 아니다.)

해설) 이 중에서 (아니다)를 2개 이상 선택한 경우 자신과 타인에 대하여 혐오감을 갖는 사람으로 일반적인 부적응상태에 있다.

둘째는 자신과 타인이 지닌 장점과 한계에 대한 이해와 수용이다. 정신건강의 주요 원칙은 인생의 현실을 분명히 보고 그것을 수용해야한다는 것이다. 아무리 지적으로 우수하다고 해도 부족한 측면이 없을 수는 없다. 개인은 자신의 장점을 있는 그대로 수용하고 자신의 한계 역시 받아들일 줄 알아야 한다.

관련된 질문에 답해 보기 바랍니다.

당신은 당신의 장점을 잘 알고 있습니까?
(그렇다. 아니다.)
당신은 당신의 한계를 잘 알고 있습니까?
(그렇다. 아니다.)
당신은 당신의 장점과 한계를 그대로 받아들일 수 있습니까?
(그렇다. 아니다.)

해설) 이 중에서 (아니다)를 2개 이상 선택한 경우 자신에 대한 이해와 수용이 부족한 사람으로 대체로 부적응상태에 있다.

셋째로 모든 행동에는 원인과 그에 따른 결과가 있음을 이해하여야 한다.
인간의 모든 행동에는 원인이 있으며 그에 따른 결과가 반드시 존재한다. 이를 인과관계라고 하고, 뿌린 대로 거둔다고 표현하기도 한다. 잘 적응된 사람은 자신의 행동에 대한 원인으로 남을 탓하지 않는다. 자신의 행동은 자기 선택에 의해 나타난 것이기 때문에 선택에 따른 책임이 스스로에게 있다고 본다.

관련된 질문에 답해 보기 바랍니다.

당신은 당신의 행동에 대한 원인이 남에게 있다고 봅니까?
(그렇다. 아니다.)

해설) 이 중에서 (그렇다)를 선택한 경우 인과관계에 대한 이해가 부족한 사람으로 비교적 부적응상태에 있다.

넷째로 자아실현에 대한 동기를 이해해야 한다. 인간의 행동은 역동적이다. 모든 사람들은 일생 동안 만족을 얻으려는 욕구로 인해 동기화된다. 맛있는 음식과 따뜻함, 성취, 정서, 경제적 정서적 안정 등을 얻기 위하여 열심히 노력한다. 인간은 누구나 저마다의 다양한 욕구를 지니고 있고 그 같은 목적을 향해 살아 나간다. 즉 모든 살아 있는 유기체들은 성장의 동기를 갖고 있다. 모든 유기체는 자신을 유지하고 자신의 한계 내에서 가능한 많은 것을 얻어 내려 하며, 성장하려고 한다.

관련된 질문에 답해 보기 바랍니다.

당신은 인간의 욕구가 저마다 다르다고 봅니까?
(그렇다. 아니다.)
당신은 당신의 욕구를 잘 알고 있습니까?
(그렇다. 아니다.)

해설) 이 중에서 (그렇다)를 1개 이상 선택한 경우 자아실현에 대한 동기를 이해하지 못하는 사람으로 다소 부적응상태에 있다.

Tip 정신건강에 대한 동양과 서양의 차이

동양에서의 정신의 탐구는 불교나 도교의 고승이나 학자, 그리고 유가를 수행하는 요기들이 인간적인 구속에서 벗어나 해탈함으로써 보다 자유로운 존재가 될 수 있는 방법에 대한 이론적이고 실천적인 노력을 통한 역사를 가지고 있다.
동양에서는 정신이 고양된 해탈된 상태를 정신적으로 최고의 상태로 보았으며 그 같은 상태에서만이 참 자유를 얻게 된다고 보았다.

고대 유럽에서는 정신장애자를 악령이 붙었거나 마녀에게 홀렸다든가 아니면 신의 벌을 받은 것이라고 보고 마술이나 영적인 기술로 치료하였다.

그것은 초자연적 신비적 주술에 의한 것으로서 거기에는 망상과 정신환자와의 구별이 없었다.

그러나 의학의 아버지라고 불리는 히포크라테스는 두뇌장애를 정신질환의 원인으로 보고 정신질환의 치료는 특별한 음식을 주고 몇 가지 약물의 사용을 권장함으로써 자연 상태에서의 신체와 똑같이 되도록 만들어 주어야 하는 것으로 생각하였다.

플라톤도 문화적 원인이 인간의 사고와 행동에 영향을 미친다고 보고 정신질환의 원인이 규범적이며 신체적인 것에 있다고 믿었다.

3. 사려 깊은 분별력

분별력은 풍부한 사색과 독서로부터 나오는데 특히 고전을 읽음으로써 많은 도움을 받을 수 있다. 본문에서는 사례로 한민족 선인들의 저서로부터 그분들이 기록한 구절들을 살펴보고 우리가 얻을 있는 것이 무엇인지 알아보고자 한다.

1) 최치원(857~?)은 그의 저서 『桂苑筆耕集』에서 다음과 같이 논하고 있다.

지혜로운 사람은 때를 따르는 것에서 일을 이루고, 어리석은 사람은 이치를 거스르는 것에서 일을 어그러뜨린다.

해설) 때를 알고 이를 따르는 것이 곧 지혜라고 할 수 있으며 이러한 이치를 잘 알아야 일을 완성해 나갈 수 있다는 것입니다.

2) 이규보(1168~1241)는 그의 저서 『東國李相國集』에서
   다음과 같이 논하고 있다.

무언가 생각하기를 깊게 하지 말라. 깊게 하면 의심이 많게 된다.
참작하고 절충하여, 세 번쯤 생각하는 것이 가장 적당하다.

해설) 사변적이라는 말이 있듯이 너무 생각을 많이 하게 되면 결국
실천할 수 없게 된다는 것으로 의심이 많은 것은 좋지 않은 것입니다.

항상 곧기만 하고 활처럼 굽히지 않으면 남의 노여움을 받게 되고,
경쇠처럼 굽힐 수 있으면 몸에서 수치를 멀리할 수 있다. 오직 사람
의 화복은 당신의 펴고 굽힘에 달려 있다.

해설) 행동이나 태도가 너무 곧으면 거만해 보이고 관계가 불편해
지는 것을 말합니다. 높은 자리에 있을지라도 항상 겸손한 태도를 가
져야 합니다.

정모하여 그것을 배우면 비록 그 실상을 얻지는 못한다 하더라도,
또한 거기에 가깝게는 될 것이다.

해설) 어떤 사람을 존경하여 그 사람의 학식이나 행동을 배우게 되
면 거의 비슷한 수준까지 도달할 수 있으므로 매우 좋은 처세라고 할

수 있습니다.

3) 이황(1501∼1570)은 그의 저서 『退溪集』에서
   다음과 같이 논하고 있다.

자손이 훌륭하기를 바라는 것은 사람의 지극한 바람이지만 도리어
애정에만 이끌려 가르치고 타이르기를 소홀히 하는 경우가 많다. 이
것은 싹은 김매지 않고 벼가 익기를 바라는 것과 같으니 어찌 이런
이치가 있을 수 있겠는가?

해설) 김매기를 하고 잡초를 제거하는 것은 힘은 들지만 가을에 많
은 수확을 얻기 위해서입니다. 자식이 잘되기를 바란다면 잘 돌보아
야 합니다.

자기를 버리고 남을 따를 수 없는 것은 배우는 사람의 가장 큰 병
이다. 천하의 의리는 끝이 없으니, 어찌 자기만을 옳다고 하고 남을
그르다고 할 수 있겠는가?

해설) 배우는 사람의 자세를 말하는 것입니다. 제대로 배우려면 이
전의 자기를 버리고 새로운 자신을 만들 수 있는 용기가 필요합니다.

4) 이이(1536~1584)는 그의 저서 『栗谷全書』에서
   다음과 같이 논하고 있다.

온 가족이 서로 화목하기를 힘써 그 마음이 화평하면, 집안에 길하
고 좋은 일들이 반드시 생길 것이다.

해설) 화목하고 평안한 집안에서 훌륭한 인재가 양성되고 이웃으
로부터 칭찬을 받으니, 마을로부터 존경을 얻게 되는 것입니다.

뜻이 서고 지혜가 밝아지고 행동이 독실해지는 것은 모두 나에게
달려 있을 뿐이니, 어찌 다른 데서 구할 수 있겠는가?

해설) 먼 곳에 있는 금은보화보다 현재의 내 것이 중요한 것입니
다. 모든 것은 나로부터 시작되는 것이니, 먼저 나를 가다듬고 갈고
닦는 것입니다.

5) 이수광(1563~1628)은 그의 저서 『芝峯集』에서
   다음과 같이 논하고 있다.

말은 행동과 다르게 하지 말며, 행동은 말과 다르게 하지 마라. 말
과 행동이 서로 맞는 것을 바른 사람이라 하고, 말과 행동이 서로 어
그러지는 것을 소인이라고 한다.

해설) 옛날부터 언행일치를 중시하였는데 언행이 일치된 사람을

가장 올바르다고 할 수 있습니다.

6) 정조(1752~1800)는 그의 저서 『弘齋全書』에서
   다음과 같이 논하고 있다.

옥은 저절로 나오는 것이 아니라 사람이 스스로 그것을 캐야만 얻을 수 있고, 거울은 저절로 모습을 드러내는 것이 아니라 사람이 스스로 비춰야만 보인다.

해설) 옥돌을 캐서 다듬어야만 훌륭한 옥을 얻는 것과 같이 사람이 합당한 노력을 기울이기를 끊임없이 반복하여야 한다는 말씀입니다.

마음에서 우러나 입으로 나오나니, 몸에 간직한 것이 선하거나 악함에 따라, 일을 시행함에 있어 이루기도, 실패하기도 한다.

해설) 마음을 어떻게 먹느냐에 따라 말이 달라지고, 결국 일의 성패가 결정된다는 말씀입니다.

7) 정약용(1762~1836)은 그의 저서 『茶山詩文集』에서
   다음과 같이 논하고 있다.

즐거움은 급하게 누리지 않아야 늙도록 오래 누릴 수 있고. 복은 다 받지 않아야 후손에까지 내려가게 된다.

해설) 젊어서 즐거움과 사치, 화려함을 지나치게 즐기면 늙어서는 즐길 여유가 없어지고 욕심이 과하면 자손들에게 화가 미치게 된다는 것입니다.

몸을 닦는 것은 孝와 友로서 근본을 삼아야 한다. 이 점에 자기의 본분을 다하지 않은 것이 있으면, 비록 학식이 高明하고 글이 아름답다 하더라도, 곧 이는 흙담에다 색칠하는 것일 뿐이다.

해설) 먼저 부모에게 효를 다하고 친구들과 우정을 지키는 것이 본분이며, 이런 다음에 여유를 가지고 학식을 쌓고 글을 배워야 만이 진정한 것입니다.

하늘은 한 사람을 사사로이 부유하게 하려는 것이 아니라 대게 여러 가난한 자들을 그에게 부탁하려는 것이요. 하늘은 한 사람을 사사로이 귀하게 하는 것이 아니라 대게 여러 천한 자들을 그에게 부탁하려는 것이다.

해설) 부자는 힘써 여러 가난한 사람들을 도와야 하고, 높고 좋은 지위에 있다면 여러 천한 자들을 돕는 데 최선을 다하여야 하는 것입니다.

8) 최한기(1803~1875)는 그의 저서 『氣測體義』에서
   다음과 같이 논하고 있다.

　자기의 잘못을 아는 것이 남의 착한 일을 듣는 것보다 낫다. 그러
므로 오직 잘못을 아는 것이 절실하지 못함을 근심해야지, 잘못을 고
치는 것이 빠르지 못한 것을 근심할 것 없다.

　해설) 남의 착한 일을 듣고 내 잘못을 빨리 고치려는 것보다 내가
어떤 잘못을 했는지를 늘 살피는 것이 중요하다는 것입니다.

9) 이남규(1855~1907)는 그의 저서 『修堂集』에서
   다음과 같이 논하고 있다.

　뜻이 정해지지 않으면 그 처신이 확립될 수 없고, 얼굴 모습이 정
해지지 않으면 그 표정이 엄숙할 수 없고, 걸음걸이가 안정을 얻지
않으면 그 자세가 단정할 수 없고, 말을 할 때 안정되지 않으면 그 표
현이 온화할 수 없다.

　해설) 반드시 해야 할 것이 있는 데 먼저 뜻을 정하고 얼굴을 단정
히 하며, 걸음걸이를 안정되게 하고, 말하기를 가다듬어야 합니다.

4. 맞춤식 경력개발

변화에 적극적인 적응하기 위하여 효율적인 나만의 맞춤식 경력개발프로그램을 운영하도록 한다.

각 개인은 회사에 입사하여 월급을 받고 노동력을 제공하면서 동시에 자신의 능력과 자격, 기술, 경험 등을 쌓아 나간다. 즉 회사인으로서 회사에 공헌하면서 자신도 성장해 가는 것이다. 그러므로 회사가 가만 두어도 종업원들은 스스로 경력을 향상시켜 나가겠지만 그 속도와 효율성은 매우 떨어진다.

기왕에 경력 향상의 무대가 회사이니만큼 회사에서 이를 좀 도와주면 서로에게 도움이 될 것이다. 경영학을 전공하고 회사에 갓 입사한 김창수(가명) 사원은 영업사원으로 뛰고 있다고 하자. 하지만 자신의 취향도 그렇고 후에 회계전문가가 되고 싶어 야간에 전산회계 학원에 다니고 있다고 한다면 개인과 회사 모두 손해이다. 그러나 김창수 사원을 회계팀에 근무시킨다면 전산회계 학원 실력을 회사 일에 적용하니 좋고 그의 경력 향상 속도도 빨라질 것이다. 더구나 자신이 바라고 있는 미래 직종이기 때문에 더 열심히 배우며 터득해 나갈 것이다.

이처럼 개인의 경력계획과 회사의 개인에 대한 경력관리 활동을 연결시켜서 개인의 경력개발에 노움을 주기 위한 계획을 경력개발프로그램(CDP)이라고 한다. 그러므로 CDP는 개인과 회사의 상호 약속이며 어느 한쪽에서 일방적으로 세우는 것도 아니다. 회사는 개인과 상담을 통하여 그가 원하는 직무분야와 승진계획을 알아내고 회사는 그러한 직무분야가 미래에 어느 정도 필요한지 그리고 회사 내에 다른 사람은 몇 명이나 더 있는지 종합적으로 검토하여 본인에게 가능성을 일려 준다. 동시에 그러한 경력을 효과적으로 쌓아 가도록 방법도 알려 주고 가는 길도 열어 준다. 이를테면 그가 원하는 부서로 이동시키는 것이다.

결국 경력계획은 회사의 승진 수급 계획 자료를 가진 관리자와 경력희망을 가진 종업원이 만나서 상담을 통하여 최종 경력목표를 정한다. 그리고 그곳에 이르는 구체적인 승진진로와 시기를 설정한 후 진행해 나가면서 수시로 진행과정을 살펴보면서 원래의 계획과 대조하여 필요하면 수정 보완을 해 나가는 것이다.

요약하면 경력개발이란 경력계획과 경력관리라는 두 가지 차원을 포함하는데 선자는 개별종업원들이 경력목표를 달성하기까지의 방향과 경로를 미리 설정해 주는 것이며, 후자는 이러한 계획이 제대로 실행에 옮겨지도록 계속 진행되는 대로 나아가면서 지원하여 마침내 개인과 조직의 요구에 맞게 경력을 달성시켜 주는 관리활동이다.

1) 경력개발 활동

구성원 각자가 자기 나름대로 경력계획을 수립한 것을 조직이나 회사가 관리해 주는 것을 경력관리라 하면, 개인이 할 일은 자신의 경력목표 달성을 위해 최종경력에 이르는 과정과 시기를 미리 정하고 미리 예측하여 준비하면서 기초를 쌓아 가면 된다.

회사가 할 일은 조직의 미래전략과 비전을 확인하고 거기에 필요한 인력을 언제 얼마나 제공해야 하는지 계획을 세워서 이에 걸맞은 필요인력을 선발, 배치할 수 있도록 개인의 경력계획과 서로 이어 주어야 한다.

이러한 경력개발이 성공을 거두기 위해서는 구성원 개인과 직속 상급자, 기업 조직 모두 각자 역할을 다하여야 한다.

(1) 구성원 개인이 할 일

- 자신의 능력과 관심사 그리고 기호와 희망을 정확히 인식하고 확인한다.
- 개발이 필요한 부문이 어느 분야이며 어느 정도인지 파악한다.
- 자신의 경력 최종목표와 단계에 대해 상급관리자와 상담한다.
- 경력목표와 단계과정과 거치는 시기를 확정한다.

(2) 직속 상급자가 할 일

- 회사 내 필요경력과 승진여석에 관한 정보를 확보하여 사원에게 제공한다.
- 종업원 개인의 희망사항과 조직의 필요사항을 연결해 준다.
- 종업원 개인목표의 실현가능성과 현실성을 판단하여 제시해 준다.
- 개인의 경력개발을 지원하고 필요한 정보를 제공한다.

(3) 조직이 할 일

- 경력개발의 모델을 제시한다.
- 상급자에게 부하상담의 필요한 정보를 제공한다.
- 경력개발을 위한 경험과 실천의 장을 마련하고 기회를 제공한다.
- 교육 훈련을 확대하고 경력훈련 시설과 기회를 만들어 지원한다.

2) 경력개발프로그램 사례

(1) 종업원 인생설계

P사는 종업원들의 인생설계를 돕기 위해 Second Career Program을 개발하여 운영하고 있다.

연령대별로 5단계로 운영되는 워크숍에 참여하면서 종업원들은 자신과 가족의 미래와 건강, 회사생활, 중년기, 자기관리 등 직장과 삶에 대한 성찰을 하고 인생의 장단기 비전을 수립한다.

이 시스템은 아래와 같은 단계로 운영된다.

〈평생직업 시대에 맞춘 생애 설계 시스템〉

1단계: 25세(신입교육). 회사의 전반적인 내용 교육

2단계: 30세(커리어디자인). 입사 5년차의 경험으로 개인의 성장경로 결정

3단계: 35세(커리어리뷰). 30세에 설정한 성장경로에 대한 검토

4단계: 45세(세컨드커리어). 자신을 돌아보고 삶과 업무 목표의 보완

5단계: 55세(그린라이프). 퇴직을 앞두고 1년간 업무에서 벗어나 창업교육이나 새로운 능력 개발

3) 경력목표: 어떤 사람이 되려는가?

어떤 사람이 되기를 원하는가?

대개의 사람들은 직장생활을 시작하면서 하나의 포부를 가진다.

누구는 사장이 되어 여러 사람을 지휘·통솔하는 것이 꿈이고 누

구는 일류 생활설계사가 되고 싶어 하며 누구는 식품개발 전문가가
되려고 한다.

13살 때 가졌던 꿈이 15년이 지난 후에도 계속된다는 연구결과도
있다. 일단 어떤 사람이 특정한 경력목표를 갖게 되면 그 사람은 그
쪽으로 항상 동기가 부여되며 그것과 관련된 일에만 관심을 갖고 그
주변을 맴돌면서 젊음을 보낸다.

마치 배 한 척이 어느 항구에 다다르면 닻을 내리고 거기에 정박하
여 그 배에서 멀리 떨어질 수 없는 것과 비슷하다.

그래서 우리는 경력추구의 최종 골인점을 경력 닻이라 부르는데
사람들은 대강 다음의 다섯 가지의 경력 닻 중 하나를 택하는 것으로
확인되었다.

(1) 전문가 닻(기술, 기능 중심)

기술적, 기능적 역량을 최대한 갖추기 위해 자신의 특기를 개발하
고 전문지식을 획득하여 성공하려고 한다.

이들은 감독자나 관리자로의 승진보다는 반도체 전문가, 생명공학
분야의 권위자 등이 최종경력의 꿈이 되며 새로운 지식창출이나 신
기술 개발을 위해 연구·개발 업무에만 전적으로 몰입하기를 원하는
성향을 가진다.

(2) 관리자 닻(관리능력 중심)

최고의 리더십을 갖추고 어느 한 조직의 최고 관리자 위치에 이르
려고 한다.

그러기 위해서는 회사에서도 여러 분야의 경험을 두루 쌓기를 원

하며 빠른 승진을 목표로 할 것이다. 이들은 인사고과 및 업무결재 권한을 갖고 팀의 목적달성에 책임을 지는 관리자가 되기를 원하는 것이다.

이 경로를 선호하는 사람들은 전문 분야에서 성공하기보다는 조직 내에서 상사로부터 인정을 받아 상위직급 또는 관리직으로 승진하는 데 관심이 높다.

(3) 조직인 닻(안정 중심)

기술을 연마하든 승진을 하여 관리자의 자리에 오르든 특정의 한 조직체 안에서 끝을 보려는 사람이다.

이들은 회사 옮기기를 싫어하고 어느 한 회사에서만 계속 뿌리를 내리려 한다. 이들은 동일 조직에서 하나의 프로젝트를 지속적으로 수행하고 싶어 하는 성향을 말한다.

(4) 기업가 닻(창의적 기업가 정신)

아무 조직에도 속하지 않고 한 조직에 의존하지도 않고 자신 혼자 서 무엇을 이루려는 사람이다.

대개의 예술가나 소설가, 개인 발명가 등의 경력 닻이 그렇다.

이들이 연구자들이라면 그들은 자신의 연구개발 경험을 바탕으로 독자적인 창업의 길을 모색하고자 하는 성향이 있다.

(5) 자유인 닻(자율과 독립)

조직에 얽매여 일하는 것이 아니라 자유 직업인으로서 최고의 경 지에 이르려 한다.

프리랜서나 컨설턴트 등으로 출세하면서 조직에 얽매이는 것을 싫어하고 이 회사 저 회사 가리지 않고 자기 일만 있으면 찾아다닌다.

그러므로 회사의 관리자들은 개인과 경력 상담을 할 때 상대방이 경력 사이클의 어느 단계에 와 있는가, 경력 닻은 어디에 내리려고 하는 사람인가를 먼저 파악하고 그것을 조직의 필요와 연결시켜 주는 것이 현명하다.

기술적 전문가가 되려는 사람에게 회사의 중역 자리를 종착역으로 제시한다면 잘못된 것이다.

4) 경력경로: 어떤 과정을 거치려는가?

(1) 경력경로란?

R&D 부서에 입사한 연구원이 입사해서 일정한 기간이 지나거나 일정 직급에 도달하게 되면 그동안의 연구 성과나 본인의 선호도 등에 따라 원하는 경력경로를 선택하게 된다.

그 이전 단계에서는 특별한 경로를 지정하지 않고 모두 연구원으로서 연구에 몰두하게 한다.

즉, 조직은 개인에게 일정 기간에 걸친 연구개발 관련 업무경험을 통해서 자신들의 적성과 능력을 찾아내고 경력개발 가능성을 판단한 후 경력경로를 선택하고, 나아가 교육·훈련이나 업무 배정이 이루어지도록 배려하는 것이 필요하다.

그리고 경력경로별 역할과 경로목표, 요구되는 능력 및 자질, 선발기준 및 성과 평가기준, 필요한 교육 내용이나 연수기획, 보상체계 같은 인력관리를 모두 경력경로에 따라 다르게 적용하는 것이 바람직

할 것이다.

이처럼 경력경로란 개인이 조직에서 그가 최종경력에 이를 때까지 맡게 되는 직무의 배열순서인데 전통적인 경력경로는 주로 수직적인 방향이었다.

예를 들면 전표정리 → 재무제표 작성 → 자금수급 계획 → 경리팀 대리 → 경리과장 → 회계팀장 → 회계이사 → 관리상무 등이다.

이는 전문성은 있지만 중간층이 너무 많아 회사 전체적으로 비대해지고 높은 자리에 올라가도 자기 분야만 알기 때문에 전체적인 관리능력이 부족하다는 단점이 있다.

그래서 최근에는 네트워크 경로라 하여 하나의 직급에서 여러 직무 분야를 거친 다음에 위로 승진시킨다.

이렇게 되면 인력배치가 유연해지고 경험도 다양해진다는 장점이 있지만 같은 한 분야에서의 체류기간이 너무 짧다는 단점도 있다.

5) 경력 단계

대개의 사람은 회사에 처음 입사하여 승진을 하고 나이가 들어 퇴직하는 일련의 생물학적 삶의 사이클을 가진다.

이러한 사이클이 연령과 무관한 것은 아니지만 모든 사람의 연령대에 똑같이 맞추어 동일하게 변화하는 것은 아니다.

오히려 요즘 같은 변화시대의 경력은 시간이 지남에 따라 사이클을 건너뛰거나 같은 자리에서 여러 단계를 반복하면서 진보해 나가기도 한다.

그럼에도 불구하고 초년기 회사생활에서 중년, 말년에 이르는 동안 인간의 삶이 순서대로 진행되듯이 직장생활의 초기 때부터 자아 정체성을 찾으려는 탐구행위가 계속된다.

초기에 자신이 누구인가, 무슨 존재인가, 무엇 때문에 존재하는가를 어느 정도 알게 된 다음에는 타인에게 눈을 돌려 그들과 사귀고 비교해 보면서 관계를 형성한다.

그 후에는 자신이 세상에 나온 이상 무엇인가 공헌을 하고픈 마음이 있듯이 회사에서 주어진 일을 열심히 하여 성과를 남기고 자신도 이를 발판으로 성장한다.

그리고 말년이 되면 그간의 인생경험을 회상하며 종합하듯이 각 부문 업무들을 전체적으로 관조하며 정리, 통합하여 남에게 조언을 해 주는 단계에 이른다.

그런 의미에서 직장이나 하나의 인간이나 삶의 단계가 비슷하다고 할 수 있는데 다음의 네 단계로 구분 지을 수 있겠다.

A. 탐색 단계
• 자신의 적성에 맞는 분야 찾기
• 그러기 위해 여러 직무에 대한 정보를 최대한 수집
• 여러 직무를 다양하게 이동하면서 시행착오를 해 본다.

B. 사회화 단계
• 특정 분야를 택하여 그곳에 안착
• 기대 차이를 극복하고 수용하면서 더 이상 이동을 금한다.
• 그 분야에 익숙해지도록 노력하며 사회화와 순응, 동화한다.

C. 확립 단계

• 그 분야에 숙달, 몰입하여 그 분야 전문가가 된다.

• 주어진 목표를 달성하여 업적을 내고 승진도 한다.

• 그 분야에 도전하고 적극적으로 성과를 쟁취한다.

D. 유지 단계

• 획득한 지위를 유지한다.

• 조직에 대해 충고자, 관리자, 지원자 역할을 담당한다.

• 경력발달을 위한 노력을 정지한다.

• 노후화되지 않도록 재훈련 등으로 현상을 유지한다.

6) 인생의 계획표를 만들기

성공한 사람들은 인생의 목표에 따라 자신이 어떻게 살아야겠다는 인생계획표를 만들고 그대로 실천한 사람들이다.

자신의 재능과 취향을 미리 알고 그에 맞는 전공을 선택해 공부한 사람은 훌륭한 인생계획표를 짤 여건이 마련된 셈이다.

10대나 20대에 이런 인생계획표를 짠 사람은 결코 실패하지 않을 것이다. 이미 자신의 운명을 개척해 나갈 힘을 가지고 있기 때문이다.

스스로의 인생 계획표를 만들어 보라.

10년 후의 나는 어떻게 변해 있을까?

이런 궁금증을 가지고 당신의 인생계획표를 짜도록 하라.

20대가 되면 싫든 좋든 사회에 첫발을 내딛어야 한다.

그리고 30대가 되면 어느덧 사회의 한구석에서 자신만의 자리를 잡고 있을 것이다.

그 30대를 바라보게 되는 어느 날 10년 전에 짠 계획표대로 자신이 살고 있는지 돌이켜보는 스스로를 상상해 보라.

무척 흥미로울 것이다.

아마도 자신의 재능을 철저히 알고 계획표를 짰다면 그 계획표에 가까운 삶을 살고 있을 것이다.

그런데 인생계획표를 짜는 데 몇 가지 참고할 것이 있다.

첫째는 시대의 흐름에 순응하라는 것이다.

21세기는 많은 것들이 너무도 빨리 변화하는 시대이다.

그 변화의 흐름을 제대로 읽을 줄 아는 능력을 갖추어야 한다.

아무도 시대의 흐름을 거슬러 올라갈 수는 없다.

둘째는 근면해야 한다는 것이다.

아무리 훌륭한 재능과 명석한 두뇌를 가졌더라도 게으름을 피우면 아무 소용이 없다.

부지런하고 노력하는 자만이 성공을 거머쥘 수 있다.

근면과 재능, 이 두 가지를 겸비한다면 훌륭한 사람이 될 기본이 되어 있다.

셋째는 자신의 결점을 잘 알아야 한다는 것이다.

아무리 훌륭한 재능을 가진 사람이라도 단점을 갖고 있게 마련이다.

자신의 결점을 확실히 아는 것은 매우 중요하다.

당신이 당신 자신의 주인이 되려면 자신을 철저히 알아야 한다.

먼저 자기 속에 있는 나쁜 세력을 굴복시킨다면 다른 것들은 전혀 문제가 되지 않을 것이다.

자기 인생에 확실한 시간표를 준비하라.

성공을 꿈꾼다면 자신이 가고자 하는 목표를 확실히 선택해 놓아야 한다. 그리고 그것은 인생이 끝날 때까지 장대한 것이어야 한다.

7) 오늘, 최선을 다하라

기업가로서 가장 활동적이고 창조적인 역량을 과시한 사람으로 스티브 잡스를 들 수 있다.

스티브 잡스는 1976년 스물 한 살의 나이로 애플 컴퓨터를 만들어 세계적인 기업으로 성장시켰지만, 1985년 자신이 창립한 회사에서 쫓겨나는 수모를 당해야 했다.

아이디어만 많지 현실감각이 떨어지고 무능하다는 이유에서였다.

그러나 그는 1997년 다시 애플사 CEO로 복귀하는 괴력을 발휘하였다.

게다가 10억 달러의 적자를 기록했던 애플사를 단 1년 만에 4억 달러에 가까운 흑자를 만들어 낸 드라마의 절정을 연출하였다.

애플사에 복귀한 스티브 잡스는 새로운 PC인 아이맥(Mac)을 내놓았다. 이 아이맥은 1년 만에 2백만 대나 판매되었고 애플의 주가는 아홉 배나 뛰어올랐다.

그는 소비자들이 사랑하고 또 기꺼이 사고 싶은 컴퓨터를 만들어 냈던 것이다. 그리하여 주당 13달러까지 떨어진 애플의 주가를 1999년 말 118달러로 끌어 올림으로써 20억 달러짜리 회사를 200억 달러에 달하는 회사로 탈바꿈시켰다.

또한 스티브는 픽사(PIXAR)라는 애니메이션 회사의 CEO를 겸임하면서, 월트 디즈니와 손잡고 애니메이션 영화의 새로운 영역을 개척해 냈다.

그리하여 창조의 기쁨을 만끽함과 동시에 다시 세계적인 부호의 반열에 올라섬으로써 옛 명성을 되찾았다.

스티브는 이렇게 화려한 재기에 성공함으로써 지난날 애플의 성공이 결코 요행이 아니었음을 보여 주었다.

그러나 이러한 신화는 자신이 만든 회사에서 쫓겨난 후 쓰디쓴 인고의 세월이 있었기에 가능했다.

스티브는 애플과 픽사라는 매우 성공적인 두 회사, 컴퓨터와 애니메이션 영화사의 사령탑을 동시에 맡은 최고경영자로 다시 세계인의 주목을 받고 있다. 그처럼 성공과 실패를 극적으로 반전시킨 경영인은 찾아보기 힘들다.

그의 화려한 재기는 지식정보화 시대에 맞춰 스스로 변신에 성공한 좋은 예이다. 그가 화려하게 재기한 이유는 실패와 고난에도 불구하고 꾸준히 공부하고 창의적인 생각을 가짐으로써 자기 자신을 훈련시킨 데 있다.

창의력을 가지려면 끊임없이 독서하고 변화하는 세대를 읽어 나가면서 자신을 새롭게 변화시킬 줄 알아야 한다.

그리고 책을 많이 읽는 것도 중요하지만, 읽은 것을 자기 것으로 소화하고 적용할 줄 아는 것이 창조적인 사람이 되는 방법이다.

스피치 소스 8*

● 기업이미지를 결정하는 사회공헌 활동

1. 사회공헌 활동의 개관

선진국에서 기업의 사회공헌 활동은 기업의 성패를 가르는 주요 요소 중 하나로 인식되고 있다. 미국의 다우존스가 발표하는 다우존스 '안정성 지수'에서 기업의 사회공헌 실적이 중요한 비중을 차지하는 대표적인 사례이다.

한국의 상황도 크게 다르지 않다. 인터넷 이용자가 지속적으로 증가하는 데 힘입어 소비자들이 기업에 대한 정보를 더 많이 접하게 되면서 기업의 이미지가 소비자의 구매형태에 영향을 미치고 있다. 좋은 기업 이미지를 구축한 기업에 대해서는 소비자의 신뢰가 커지고, 이미지가 훼손된 기업은 비즈니스를 하기가 갈수록 어려워진다. 게다

---

* 신문 및 저널 등의 관련된 내용을 발췌 및 정리하여 본 저자의 주도로 재구성한 것임.

가 반(反)기업 정서 등으로 기업에 대한 부정적 인식이 팽배한 상황도 사회공헌 활동의 중요성을 높이고 있다.

그렇다면 이처럼 중요한 사회공헌 활동을 어떻게 벌여야 할까. 이곳저곳에 돈과 인력을 마냥 지원하는 식으로는 효과를 극대화할 수 없다. 기업이 자사의 사업영역과 관련 있는 사회공헌 활동을 정해 다양한 방식으로 실천하는 등의 전략적 사고가 필요하다는 것이다.

실제로 대기업들은 최근 들어 사회공헌 활동을 체계화하기 위한 노력을 기울이고 있다. 사회공헌 활동도 효율을 따져가면서 하겠다는 전략이다. 삼성 포스코 등은 효율적인 사회공헌 활동을 펼치기 위해 다양한 연구를 진행해 왔으며 LG 전자는 최근 전담부서를 만들기도 했다. 전략적 사회공헌과 관련해 미국 켈로그의 사례는 시사하는 바가 크다.

이 회사는 미국 대공황 시기 극빈자에게 시리얼을 무료로 배급하는 사회공헌 활동을 벌였다. 이를 통해 빈곤층의 기근을 해결하는 데 기여했고 동시에 시리얼이 미국인의 아침식사로 자리 잡는 계기를 마련했다. 돈을 많이 버는 기업만이 사회공헌 활동을 할 수 있는 것은 아니다. 수익의 일정한 범위 내에서 효과를 판단하여, 지속적으로 활동하면 기업의 성과는 그만큼 높아진다.

양적인 면에서는 국내 기업들의 사회공헌은 일정한 수준에 올랐다는 평가를 받고 있다. 2004년 국내 20개 기업은 2003년보다 21.2% 늘어난 8,960억 원을 사회공헌 활동에 투자하고 있다. 사회복지공동모금회의 기업기부금 규모에서도 양적 성장은 잘 드러난다. 지난 1998년도에 120억 원이던 것이 2003년도에는 640억 원으로 5배 이상 증가했다. 지난 2000년 국내 192개 기업은 평균 매출액의 0.37%를 사회공헌 활동에 지출, 일본기업에 0.1%에 비해 세배 이상 높았다.

현재는 전략적 사회공헌 활동을 통한 질적 성장이 문제이다. 기업의 특성에 맞고 잘할 수 있는 사회공헌 활동을 선택, 집중하는 노력이 요구된다. 기업이 가지고 있는 경영 노하우 기술 인력 등의 자원을 활용해 적절한 사회공헌 활동을 하는 것도 필요하다. 전문가들은 '기업의 사회공헌 활동을 장려하기 위해 정부가 세법을 바꿔 공익활동에 쓰이는 기부금의 손비처리 범위를 확대하는 등의 세제지원 방안을 마련해야 한다.'고 제언하고 있다.

최근 들어 사회공헌 활동의 중요성이 부각되면서 기업들의 인식도 크게 바뀌고 있다. 사회공헌은 선택이 아니라 기업 경영활동의 필수 항목이 됐다. 기업의 이미지를 높이고 경영활동의 효율성을 높이기 위한 경영 핵심 사항으로 받아들여지고 있는 분위기이다. 때문에 사회공헌 활동을 더 이상 자선사업쯤으로 여기는 기업은 없다. 사회공헌 활동은 미래 기업가치를 높이기 위한 투자인 것이다.

기업마다 공헌 활동의 예산을 늘리고 전문 조직을 별도로 구축하는 이유도 여기에 있다. 이제는 사회공헌 활동도 효율 중심으로 펼치겠다는 것이다. 그래서 주요 기업의 전략적 사회공헌 활동에 대한 관심이 커지고 있다. 이제 주주 고객 임직원 등 이해당사자들은 기업이 처한 환경에서 지출 가능한 예산으로 어떤 사회공헌 활동을 하느냐에 따라 경영능력을 판단하는 시대인 것이다. 그렇다면 대기업을 중심으로 사회공헌 활동의 사례를 살펴보는 것도 이의 이해를 높이기 위하여 효과적이라고 판단된다.

2. 전략적 사회공헌 활동 사례

1) 대한항공

대한항공의 사회공헌 활동은 고(古) 조종훈 한진그룹 회장 때부터 강조해 온 것으로 조양호 회장 체제 이후엔 더욱 다양하게 전개되고 있다. 조양호 회장은 '사회공헌 활동'은 기업의 중요한 역할 가운데 하나인 만큼 물류수송기업의 특성을 살려 도와야 한다.'고 임직원들에게 늘 강조한다. 항공사로서 특성을 살린 대한항공의 사회공헌 활동을 꼽으라면 단연 재해구호 물품 운송을 들 수 있다.

대한항공은 2004년 상반기 용천역 폭발 사고로 어려움에 처한 북한 이재민을 돕기 위해 구호품 수송용 B747-400 특별기 2대를 운항했고 2003년도에 대구 지하철 참사 때도 생수 등 구호품을 신속히 지원한 바 있다. 매년 찾아오는 태풍으로 인한 수재민을 돕기 위해 생수수송용 특별기를 띄우는 일은 연례 봉사활동이 돼 버렸다. 대한항공은 해외에서 발생한 재해에도 적극적인 구호활동을 펼쳤다. 1999년도 8월과 10월엔 터키와 대만에서 지진 피해가 났을 때 특별 화물기를 긴급 투입해 생수를 비롯한 구호품을 실어 날랐다.

글로벌기업으로서 대한항공의 면모는 해외인재 양성 활동에서도 찾아볼 수 있다. 1998년 1월부터 매년 몽골 상학생을 5명씩 선발해 국내 대학 유학의 기회를 주고 있는 것이다. 선발된 학생들은 몽골 울란바토르대학에서 1년간 한국어 교육을 이수하는데 이와 관련된 비용은 대한항공이 모두 부담한다. 장학생들에게는 한국 방문 및 귀국 항공권, 학사, 석사, 박사 전 과정 학비와 생활비 지원은 물론 졸업

후엔 한진그룹에서 1년간 실무를 익힐 수 있는 기회가 제공된다.

육영사업은 대한항공이 역점을 두고 있는 사회공헌 활동이다. 대기업으로는 이례적으로 학교법인 인하학원과 정석학원을 산하에 두고 있다. 대한항공은 두 학교법인에 최근 10년간 매년 200억을 지원했다. 특히 2003년도 9월에는 총공사비 473억 원을 국내 최대 전자도서관인 '정석학술정보관'을 인하대학교에 개관했다. 이와 함께 한진그룹이 1991년 출연해 설립한 '21세기한국연구재단'은 국내의 장학사업, 학술지원사업, 언론인 해외연구 지원사업, 문화 및 복지사업 등을 지속적으로 펼치고 있다. 재단은 2004년도 8월까지 전국에서 선발된 청소년 가장 1,566명에게 13억 8,600만 원의 장학금을 지급하였다.

2) 동부그룹

동부그룹 김준기 회장의 경영철학인 '국가와 사회발전에 이바지할 유능한 인재 양성을 통해 국민복지 향상에 기여하는 것은 기업의 또 다른 책무'에 따라 동부문화재단을 중심으로 학술 장학사업 및 각 계열사별 현장 위주의 사회공헌 활동을 전개하고 있다. 설립 당시 15억 원에 불과했던 동부문화재단은 자산규모가 커지면서 사업비도 확대해 나가고 있다. 실제 2001년도와 2002년도에 각각 2억 원 선이었던 사업비가 2003년도에는 10억 원에 달하면서 적극적인 활동을 펼쳤다. 2004년에도 이 같은 기조를 그대로 이어 가고 있다.

2002년도 10월에는 김준기 회장과 동부건설, 동부제강 등 주력 계열사들이 추가 출연해 재단 자산이 총 270억 원으로 늘어났다. 동부는 이를 통해 그동안 추진해 왔던 장학 학술지원 교육기관 지원 등 각종 공익사업을 한층 강화하고 있다. 특히 과학기술 인력 육성 차원에서 전체 장학생 중 이공계 비율을 70%까지 확대하는 등 수혜 대상을 이공계에 집중하고 있다. 동부는 2004년부터 새로 '해외유학생 장학제도'를 도입해 해외 명문대학 석사과정 이상의 반도체 재료 생명공학 분야의 인재들을 선발해 1인당 연간 5만 달러까지 장학금을 지원할 계획에 있다.

동부문화재단(이사장 이형배)은 지난 1988년 장학사업과 학술연구 지원사업, 교육기관 지원사업 등을 시행하기 위해 설립돼 2004년 8월까지 1,620명(누계)에게 35억 원의 장학금을 매년 지급하고 있다. 2003년도에도 전국 21개 대학교에서 선발된 107명의 장학생에게 총 3억여 원의 장학금을 지급하기도 했다. 사업유형별로 보면 장학금 지원 사업으로 총 1,534명에게 30억 원을 지원했으며, 대학교수 및 공익단체 학술 연구지원으로 총 3억 1,400만 원을 77명에게 지급했다. 또 교육 기자재 지원 등 교육기관 지원에 총 2억 원이 지출됐다.

3) 한화그룹

선대 김종희 회장의 창업이념인 기업보국의 정신을 이어받아 '칭찬받는 기업'으로서 요구받는 사회적 책임을 효과적으로 달성하는데 그 초점이 맞춰져 있다. 따라서 일회성 이벤트가 아닌 지속적이고 체계적인 사회공헌 사업을 수행하고 있다. 단순한 시혜적 차원을 넘어서 기업시민(Corporate Citizenship)으로서의 역할을 다하겠다는 책임감이 그 밑바탕에 깔려 있는 것이다.

한화의 사회봉사 활동은 국경을 뛰어넘는다. 한화는 2004년 2월 중국 신장 위구르 자치구 우루무치의 한글학교 학생과 교사를 초청, 중국에 한국문화를 전파하는 행사를 마련했다. 이번에 초청된 학생과 교사들은 조선족 3세 2명, 한족 4명, 위구르족 4명 등 총 14명으로 6박 7일 동안 서울, 천안, 경주, 울산 등지를 방문했다. 한화는 또한 북한 어린이들의 건강을 챙기는 일에도 앞장서고 있다. 지난 2000년도에 북한 어린이 전원에게 나눠 줄 구충제를 북측에 전달한 이래로 2004년 현재 매년 어린이용 구충제와 항생제 1천만 정씩을 지원해 오고 있다.

'유급자원봉사자 제도'는 한화의 사회공헌 정신을 가장 잘 설명해 주고 있다. 수혜자 입장에서 실질적 복지서비스를 제공하기 위해 임직원들이 근무시간을 할애, 자원봉사에 나서기 때문이다. 이를 위해 한화는 2003년 8월 월드비전 및 한국자활 후견기관협회와 각각 '사랑의 공부방'과 '사랑의 집수리' 사업 실행 협약식을 가졌다. 한화는 이 외에도 무료 급식, 독거노인과 재가 장애인에 대한 도시락 배달, 컴퓨터 교육, 목욕봉사, 외출보조 등의 자원봉사를 통해 연간 8천 명 이상의 임직원이 직접 봉사활동에 참여하며 8억 원 이상의 비용을 지출하고 있다.

사랑의 공부방 지원 사업은 저소득 맞벌이 가장의 아동을 대상으로 개별적으로 운영되고 있는 공부방에 한화 임직원이 직접 영어나 수학선생님으로 나서고, 어린이들을 위한 식사와 간식을 함께 지원하는 방식이다. 한화는 월드비전과 함께 24개의 공부방을 지정해 공부방에 따라 연평균 2천여 만 원을 지원하고 1천여 명의 임직원이 직접 공부방 선생님으로 나서고 있다.

한화는 한국자활 후견기관협회와 공동으로 2백여 저소득 가구를 선정, 이들의 주택에 대한 개보수활동을 진행하고 있다. 이 사업에도 역시 연간 5억 원의 비용을 투입하고 1천여 명의 임직원이 한국자활 후견기관협회에서 기술교육을 받은 사람들과 함께 직접 집수리 봉사 활동에 참여한다. 이 사업은 특히 집수리를 통한 저소득가구의 생활 수준 향상뿐만 아니라 한국자활 후견기관협회를 통해 기술교육은 받았으나 일자리를 찾지 못하고 있는 저소득 주민들에게 지속적으로 일자리를 제공할 수 있어 일석이조의 효과를 거두고 있다.

4) 현대차그룹

현대차의 사회공헌 활동 중 가장 눈에 띄는 분야는 협력업체에 대한 지원프로그램이다. 현대차는 지난 2002년도에 자동차부품산업진흥재단을 설립, 협력업체에 대한 다각적인 지원활동을 펴고 있다. 이 재단을 통해 부품업체의 품질개선과 신기술 개발, 생산성 향상과 선진 경영 시스템 구축을 위한 지원활동에 나서고 있다. 품질－기술 봉사단을 통한 현장 애로 지원, 시험용 고가장비 공동구매 및 운영협력 지원을 통해 품질 향상과 상생경영 효과를 내고 있다.

현대차는 협력사 직원의 인력개발을 위해 연중 각 협력사별로 일정 인원을 선발해 전문기술 및 품질관리, 생산관리 등 다양한 교육을 실시하고 있다. 이와 함께 협력사의 해외진출을 돕는 해외프로젝트 지원팀을 통해 해외진출과 관련된 상담 및 각종 관련 정보 등도 제공하고 있다. 또한 협력사 불만사항을 해결하기 위한 필드클레임 대리인제도를 운영하고 협력사 종합정보 시스템 구축을 통해 투명경영을 유도하고 있다. 더불어 산학기관 기자재기증사업, 선진자동차 문화정착을 위한 학술세미나 개최 등을 통한 신뢰경영 구축 지원 사업을 활발히 펼치고 있다. 이 밖에 현대차는 협력업체와의 공정한 거래관계 유지를 통한 협력업체 발전을 위해 구매윤리 헌장을 강화했다.

현대자동차 정몽구 회장은 '현대차그룹은 어려운 사람들에게 꿈과 희망을 주는 기업이 되어야 한다. 기업의 사회적 책임을 다하기 위해 여러 방면으로 사회공헌 활동 프로그램을 운영하라.'고 강조하고 있다. 또한 현대차 관계자는 '기업이 영속적인 발전을 하기 위해서는 안정된 사회기반이 구축될 때 가능하다. 현대차의 사회공헌 활동은 지속 가능한 개발전략에 따른 것이기도 하다.'라고 전한다. 현대차그룹은 그동안 계열사별로 실시해 온 각종 사회공헌 활동을 그룹 차원으로 통합, 시행한다는 방침 아래 세부 활동기준을 마련하는 등 체계적인 프로그램을 마련 중이다.

보다 체계적이고 일목요연한 사회공헌 활동을 펼치기 위한 목적으로 '사회공헌 활동 가이드라인'을 완비하고 직원들의 자원봉사 활동을 활성할 수 있는 프로그램을 개발, 운영할 계획이다. 사내 사회공헌 활동을 총괄하는 '사회공헌 활동협의회'도 가동할 계획에 있다. 이를 통해 기존에 사회공헌 활동과 관련된 계획을 수립하고 실행 및 평가를 담당해 온 사회공헌 활동 위원회의 역할을 보다 확장하고 체계화한다는 방침이다.

2005년부터 운영되는 사회공헌 활동협의회는 환경, 사회복지, 자원봉사, 문화예술, 국제교류, 체육진흥 등 각 분야별로 실무팀을 선정해 보다 유기적인 사회공헌 활동을 펼칠 수 있는 기반을 조성할 계획이다. 현재 현대차의 사회공헌 활동 분야는 불우이웃돕기, 수재의연금 등 사회복지활동과 환경단체 지원 및 환경 캠페인 등의 환경보전 프로그램, 산학협력 및 장학금 지원 연구단체 및 학술단체 지원 등 학술교육 등으로 크게 나눌 수 있다. 여기에 각종 행사 협찬 등의 문화예술 활동과 국제단체 지원을 통한 글로벌 네트워크 구축 등 국제교류 프로그램 및 주요 체육행사 지원 등 체육진흥 분야 등이 더해진다.

5) LG그룹

창업 회장의 뜻인 '한국이 한 단계 도약하기 위해서는 유능한 인재육성이 필요하다'에 따라 지난 1969년도에 5개 재단 중 가장 먼저 설립된 곳이 LG연암문화재단이다. 이 재단은 장학사업, 교육기관 지원, 교수 해외연구 지원, LG상남도서관 운영 등 학문 발전과 문화예술 진흥을 위한 다양한 사업을 펼치고 있다. 2004년 상반기까지 LG연암문화재단이 벌인 장학사업의 수혜를 받은 인원은 모두 2,600여 명에 달한다.

지난 1991년도에 세워진 LG복지재단은 복지관 건립, 청소년 노인복지, 장애인 재활 지원, 해외 복지사업 등을 펼치고 있다. 지금까지 11개 종합사회복지관을 건립해 지방자치단체에 기증했다. 저소득 가정의 저신장 아동을 위해 성장 호로몬제를 지원하고 있으며 노인들을 위해서는 이동목욕 차량을 지원하고 있다. 특히 2004년도에 들어서는 '위기가정 긴급지원' 프로그램을 신설, 전국 100여 개 복지관을 통해 생계가 어려운 가정에 직접 혜택을 주고 있다.

국내 최초로 민간 기업이 환경보전을 목적으로 1997년도에 설립한 공익재단인 LG상록재단은 조류보호사업, 초등학교 우리꽃밭 조성사업, 산성비 피해 산림회복사업 등 다양한 공익활동을 펼치고 있다. LG그룹은 이 밖에 1973년도에 설립한 LG연암학원을 통해 영농전문가와 고급기술인력 확보를 위해 노력하고 있으며, LG상남언론재단을 통해 한국언론문화 발전에 큰 몫을 하고 있다.

위와 같이 LG그룹의 문화 복지 교육 환경 언론 등 5개 분야별 전문 공익재단은 고 구인회 창업회장의 '기업은 다양한 공헌활동을 통해 사회에 보답하여야 한다'는 기업정신과 기업의 공익활동을 요구하는 시대상황이 어우러지면서 하나씩 설립되어 체계적이고 장기적인 사회공헌 활동을 진행하고 있다. 꼭 필요한 사람과 단체에 실질적인 도움을 주고자 2003년도에 LG가 사회공헌 활동에 쓴 돈은 모두 682억 원이며, 2004년의 계획 예산은 850억 원이다.

3. 사회책임경영(CSR)

기업의 지속가능한 성장 조건으로 사회책임경영(Corporate Social Responsibility)의 중요성이 날로 부각되고 있다. 이는 기업이 경제적인 이익을 창출하면서도 윤리, 노동, 환경 등 다양한 부문에서 사회적인 책임을 다하려는 환경경영(환경공해 방지, 작업장 환경 및 제품 안전 등과 관련된 법 규제 준수), 정도경영(주주권한, 노사관계, 윤리규정, 각종 법령의 준수), 사회공헌(자원봉사활동, 지역사회활동, 긴급구호활동, 기부금 기탁) 등을 말한다.

"사회책임경영은 기업이 리스크를 관리하는 방법이며, 경영성과로 직결되기도 한다. 비윤리적인 사안을 거액의 기부금으로 덮어 보려는 이른바 그린 워시(Green Wash)가 통하는 시대는 지났다."

"가격이 같다면 사회적 책임을 다하는 기업의 제품을 사겠다는 응답이 1993년 66%에서 2004년 86%로 20%포인트 늘었다."

"기업 간 거래에서 환경 및 노동 기준(ISO26000. 별칭 그린라운드, 블루라운드)을 잘 지키지 않으면 최악의 경우 계약 파기에 이르는 상황이 올 수 있기 때문에 기업에 부담이 될 수밖에 없다."

"DJSI(미국 다우존스지수 편입 업체 가운데 지배구조와 환경, 노동, 사회활동 등 부분에서 상위 10% 안에 드는 기업들만 따로 떼어 내 만든 주가지수. 포스코와 삼성SDI)에 편입되면 기업 내부적으로 사회적인 책임을 다한다는 이미지 제고 효과 외에도 국제입찰이나 투자 유치활동에 큰 도움이 될 것입니다."

"SRI(사회책임투자. 전 세계 시장규모는 4천조 원)가 처음에는 술 담배 무기제조업체 등 반사회적 기업에 투자하지 않는 데서 출발했지만 이제는 기업의 사화책임경영을 감시하는 효과적인 수단이 되고 있다."

SRI 펀드는 재무적 건전성을 갖춘 것은 물론 환경, 사회, 종업원 등에 대한 책임을 다하는 기업에 투자하는 펀드를 말한다. SRI 펀드가 주목받는 것은 사회적 책임에 충실한 기업일수록 발전 가능성이 높고 외부 혹은 내부로부터 발생할 위험이 적기 때문이다.

"미국에서는 사회적 책임을 다하는 100대 기업의 매출이 일반기업보다 평균 30~40% 이상 높고 장기 주가 상승률도 좋다. SRI 펀드는 안정적으로 고수익을 얻기 원하는 투자자에게 적합한 상품이다."

Over and Over

Nana Mouskouri

1. I never dare to reach for the moon

   I never thought I'd know heaven so soon

   I couldn't hope to say how I feel

   The joy in my heart no words can reveal

   Over and over I whisper your name

   Over and over I kiss you again

   I see the light of love in your eyes

   Love is forever, no more good-byes

2. Now just a memory the tears that I cried

   Now just a memory the sighs that I sighed

Dreams that I cherished all have come true

All my tomorrows I give to you

3. Life's summer leaves may turn into gold

The love that we share will never grow old

Here in your arms the world's far away

Here in your arms forever I will stay.

홍정기 ───────────────────────────

경영학 박사
창업경영카운슬러
산업교육강사
(주)비에듀 원격평생교육원 전임교수
(주)다산경영정보연구원 연구위원
미래행복포럼 교육과학분과 위원장

『인적자원경영론』(2010)
『현대인의 자기관리』(2009)
『불확실성시대의 조직형 리더십』(2009)
『글로벌 기업지배구조』(2003)
『신인사노무관리』(2001)
『경영관리 MBA』(2001)
『중견사원』(1996)

1집-〈경영학박사 홍정기 기념음반〉(2010.02.)
2집-〈영혼으로 부르는 노래 공인지도사 홍정기〉(2011.03.)
3집-디지털 싱글〈내 지난 세월아〉(2011.08.)

ccolobby@hotmail.com / 010-8759-9071

Secrets of Speech

스피치의 비밀

Secrets of Speech

초판인쇄 | 2012년 3월 5일
초판발행 | 2012년 3월 5일

엮 은 이 | 홍정기
펴 낸 이 | 채종준
펴 낸 곳 | 한국학술정보㈜
주   소 | 경기도 파주시 문발동 파주출판문화정보산업단지 513-5
전   화 | 031) 908-3181(대표)
팩   스 | 031) 908-3189
홈페이지 | http://ebook.kstudy.com
E-mail | 출판사업부 publish@kstudy.com
등   록 | 제일산-115호(2000. 6. 19)

ISBN   978-89-268-3112-0 03320 (Paper Book)
        978-89-268-3113-7 08320 (e-Book)

 는 한국학술정보(주)의 지식실용서 브랜드입니다.